AF267772

HERAULT
No 33
1895

Propter Sion non tacebo,
Et propter Jerusalem non quiescam. (Isaïe.)

LES CHATIMENTS

QUE

DIEU VA INFLIGER A LA FRANCE

ET

A L'EUROPE COUPABLES

MOYEN INDIQUE PAR NOTRE-DAME DES SEPT-DOULEURS

POUR S'EN PRÉSERVER

OU

Lettre aux Membres de la pieuse et dévote Association établie en l'honneur de Notre-Dame des Sept-Douleurs pour la conversion des pécheurs, le salut de l'Église, de Rome et de la France.

PAR

L'Abbé J. OLIVE

Docteur en théologie de l'Université de Saint-Thomas (Rome)
Directeur de l'Association de Notre-Dame des Sept-Douleurs
à Cette (Hérault)

HUITIÈME ÉDITION

Presbytero Olive, ut in domo Domini, tanquam frugis oliva, fructificet, benedico ex animo.

L. M., Cardinal-Vicaire. — Rome, 13 avril 1892.

« Je bénis du fond du cœur M. l'abbé Olive, afin qu'il continue à produire des fruits dans la maison du Seigneur, comme l'arbre dont il porte le nom. »

L 57/6
0103
A.

MONTPELLIER

IMPRIMERIE CENTRALE DU MIDI

(HAMELIN FRÈRES)

MARS 1895

Se trouve chez l'auteur à Cette (Hérault)

PRIX FRANCO : 0 fr. 50.

LES CHATIMENTS

Que Dieu va infliger à la France et à l'Europe coupables

MOYEN INDIQUÉ

PAR NOTRE-DAME DES SEPT-DOULEURS

POUR S'EN PRÉSERVER

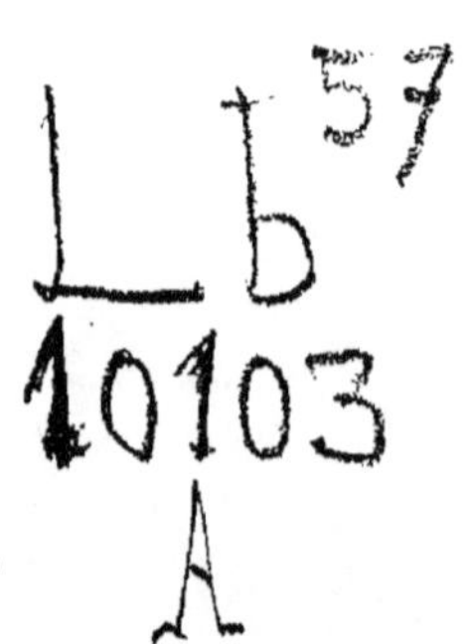
Lb57
10103

Pour nous conformer aux sages décrets de la S. Congrégation, jusqu'à ce que l'Eglise se soit prononcée sur les faits extraordinaires et apparitions de Boulleret, nous déclarons n'ajouter à ces faits qu'une foi humaine.

Propter Sion non tacebo,
Et propter Jerusalem non quiescam. (ISAÏE.)

LES CHATIMENTS

QUE

DIEU VA INFLIGER A LA FRANCE

ET

A L'EUROPE COUPABLES

MOYEN INDIQUE PAR NOTRE-DAME DES SEPT-DOULEURS

POUR S'EN PRÉSERVER

OU

Lettre aux Membres de la pieuse et dévote Association établie en l'honneur de Notre-Dame des Sept-Douleurs pour la conversion des pécheurs, le salut de l'Église, de Rome et de la France.

PAR

L'Abbé J. OLIVE

Docteur en théologie de l'Université de Saint-Thomas (Rome)
Directeur de l'Association de Notre-Dame des Sept-Douleurs
à Cette (Hérault)

———

HUITIÈME ÉDITION

———

Presbytero Olive, ut in domo Domini, tanquam frugis oliva, fructificet, benedico ex animo.

L. M., Cardinal-Vicaire. — Rome, 13 avril 1892.

« Je bénis du fond du cœur M. l'abbé Olive, afin qu'il continue à produire des fruits dans la maison du Seigneur, comme l'arbre dont il porte le nom. »

———

MONTPELLIER
IMPRIMERIE CENTRALE DU MIDI
(HAMELIN FRÈRES)

—

MARS 1895

Se trouve chez l'auteur à Cette (Hérault)
PRIX FRANCO : 0 fr. 50.

ASSOCIATION EN L'HONNEUR DE NOTRE-DAME DES SEPT-DOULEURS
DE BOULLERET (Cher).

RÈGLEMENT

ARTICLE PREMIER. — Porter suspendue au cou la médaille de l'Association, réciter tous les jours l'*Acte d'amour* et le chapelet des sept douleurs, soit le chapelet complet, soit le chapelet abrégé, ou pour le moins sept fois le *Je vous salue* de Notre-Dame des Sept-Douleurs.

ARTICLE 2. — Envoyer son nom de baptême et de famille à M. l'abbé Jh. Olive, à Cette (Hérault).

Nota 1. — Les associés qui ne pourront réciter l'*Acte d'amour* et le chapelet doivent dire ces invocations : Cœur de Jésus, ayez pitié de nous ; Notre-Dame des Sept-Douleurs, priez pour nous ; sauvez-nous, sauvez l'Eglise, Rome et la France ; et s'ils n'appartiennent pas à la France, ajouter le nom de leur nation.

Nota 2. — Nous recevons les enfants et les adultes dont on nous enverra le nom de baptême et de famille, qui porteront la médaille et pour lesquels on récitera les deux invocations.

Nota 3. — Nous engageons les associés qui peuvent disposer d'une demi-heure à réciter l'office de Notre-Dame des Sept-Douleurs.

Nota 4. — Nous engageons aussi les associés à faire la sainte communion le vendredi de chaque semaine, ou le premier vendredi du mois, en l'honneur du Cœur de Jésus et de Notre-Dame des Sept-Douleurs.

Nota 5. — Nous engageons enfin les associés qui le peuvent et en obtiendront le consentement de leur confesseur à jeûner, ou porter le cilice, ou se donner la discipline le vendredi de chaque semaine.

Nota 6. — Les conditions à remplir, pour faire partie de l'Association, renfermées dans le premier article, n'obligent pas sous peine de péché : par conséquent, si on y manque par oubli ou par négligence, on ne pêche pas.

L'abbé JH. OLIVE,
Prêtre, Docteur en théologie de l'Université de St-Thomas (Rome),
Directeur de l'Association.

AVE MARIA DE NOTRE-DAME DES SEPT-DOULEURS
composé par saint Bonaventure, le docteur séraphique

Je vous salue, Marie pleine de douleurs, Jésus crucifié est avec vous ; vous êtes digne de compassion entre toutes les femmes, et digne de compassion est Jésus, le fruit de vos entrailles.

Sainte Marie, Mère de Jésus crucifié, obtenez-nous des larmes, à nous qui avons crucifié votre Fils, maintenant et à l'heure de notre mort. *Ainsi soit-il.*

PRÉFACE

Cette Lettre a été imprimée pendant trois fois avec le format ordinaire de la Lettre aux Associés ou Revue mensuelle. Nous faisons imprimer en ce moment (février 1890) les lettres des deux premières années en un volume du format de la *Notice sur les Apparitions de Boulleret;* nous profitons de cette occasion pour faire, en ce format, un tirage à part de la Lettre de décembre 1887-janvier 1888, et nous lui donnons ce titre : *Les Châtiments que Dieu va infliger à la France et à l'Europe coupables, moyen indiqué par la Très-Sainte Vierge pour s'en préserver.* Cette lettre (décembre-janvier), traduite en italien au mois de septembre dernier, en est aujourd'hui, en cette langue, à sa cinquième édition.

L'Association en l'honneur du Cœur de Jésus et de Notre-Dame des Sept-Douleurs pour la conversion des pécheurs, le salut de l'Eglise, de Rome et de la France, a été établie sur le désir de la Très-Sainte Vierge apparaissant sous les traits de Notre-Dame des Sept-Douleurs à Boulleret. Depuis son établissement (15 juin 1886), cette pieuse Association compte, aujourd'hui 17 février 1890, 72,000 associés, appartenant à la France, l'Italie, l'Irlande, la Suisse, l'Autriche, le Sénégal, la Malaisie, etc., etc. Ceux qui veulent en faire partie sont priés de nous envoyer leurs noms de baptême et de famille, ou leur nom de religion, et de remplir les conditions renfermées dans le premier article du règlement.

Le nombre des associés, au mois de mars 1895, tandis que nous sommes obligé de faire une autre édition de cet opuscule, est de 206,000. L'Association s'est étendue dans les deux Amériques et l'Océanie.

LETTRE

AUX MEMBRES DE LA PIEUSE ET DÉVOTE ASSOCIATION

ÉTABLIE EN L'HONNEUR

DU CŒUR DE JÉSUS

ET DE

NOTRE-DAME DES SEPT-DOULEURS

POUR LA CONVERSION DES PÉCHEURS

LE SALUT DE L'ÉGLISE, DE ROME ET DE LA FRANCE

Cette, décembre 1887-janvier 1888.

MES BIEN CHERS ASSOCIÉS,

QUE la grâce de Notre-Seigneur Jésus-Christ soit avec vous. Que Notre-Dame des Sept-Douleurs étende sur vous, sur vos familles, sur les lieux que vous habitez, sa main protectrice. Que saint Michel archange vous garde lors des malheurs, afin que vous ne périssiez pas.

Amis de Jésus et de Marie désolée, disons tous ensemble : « O Jésus tout aimable, nous vous promettons de faire tout ce qui dépendra de nous pour nous procurer le moyen énergique du sacrifice, afin de nous corriger et de nous mettre en mesure d'amender nos cœurs par la charité, l'humilité, l'obéissance, la soumission, et vous préparer et vous offrir une demeure digne de vous, quand vous vous donnez à nous dans la sainte communion. Ah ! de grâce, ô Jésus tout aimable, ne permettez pas qu'en communiant dans des dispositions ne répondant pas à votre amour pour nous, nous déchirions votre Cœur, ce Cœur qui a tant aimé les hommes et qui en est si peu aimé ! O amour tout aimable du Sacré-Cœur de Jésus, embrasez nos âmes, nos cœurs, nos esprits et tous les instants de notre vie du plus tendre et filial amour envers le cœur maternel de Marie, cette Mère affligée de douleur du désir qu'elle a d'être aimée de nous [1]. Saint Michel archange, souvenez-vous de nous, protégez-nous, gardez-nous partout, toujours et surtout au moment terrible des châtiments, afin que nous ne périssions pas.

Mes frères et mes sœurs, nous vous disions, dans notre dernière Lettre, que nous vous parlerions dans celle-ci des châtiments annoncés, et que Dieu, dans sa juste colère, va infliger à la France et à l'Europe coupables.

Dieu est infiniment puissant. Il a créé le monde d'une seule parole, et, s'il le voulait, comme le dit saint Augustin, il n'aurait qu'à détourner la tête du monde et aussitôt le monde rentrerait dans le néant.

Dieu est infiniment bon. C'est par un pur acte de sa bonté qu'il nous a créés et qu'il a créé pour nous l'univers, la terre si belle, le soleil, le firmament si beau. C'est par un pur acte de sa bonté qu'il nous a placés sur cette terre, et nous a doués d'intelligence et d'amour, de volonté et de liberté, afin que nous ayons le mérite de gagner le Ciel, où il se donnera à nous un jour en récompense, et nous rendra parfaitement heureux pendant des siècles qui ne finiront jamais.

[1] Paroles de l'*Acte d'amour* révélé.

Dieu est infiniment miséricordieux. David, le roi-prophète, le savait bien, quand il s'écriait, plein d'un saint enthousiasme : « Je chanterai éternellement les miséricordes du Seigneur. » Telle est la miséricorde infinie de Dieu, qu'il nous a donné son propre Fils, son divin Fils, son Fils unique, pour expier la désobéissance d'Adam et les nôtres ; qu'il nous accorde toujours notre pardon quand nous le lui demandons avec un cœur contrit et humilié ; qu'il attend les pécheurs impénitents pendant de longues années et jusqu'à la dernière minute, jusqu'à la dernière seconde de leur vie criminelle et impie.

Dieu est infiniment bon, il est infiniment miséricordieux : il est aussi, et il doit l'être, infiniment juste et sévère. Dieu ne serait point Dieu, si à la bonté et à la miséricorde ne s'alliaient en lui la justice et la sévérité ; comme un père de la terre ne mériterait point ce nom, si, à la bonté et à la miséricorde qu'il a pour ses enfants, il ne joignait aussi la justice et la sévérité. Nous ne voyons que trop, aux jours où nous vivons, ce que deviennent les familles, quand un père bon et miséricordieux n'est pas encore juste et sévère. Après avoir exalté la miséricorde de Dieu, David célèbre aussi sa justice : « Vous êtes juste, ô mon Dieu, et vos jugements sont équitables. » Comme David, si nous considérons la bonté, la douceur et la mansuétude, la miséricorde, la patience et la longanimité de Dieu vis-à-vis de l'homme coupable considéré soit comme individu, soit comme nation, et si la piété et l'amour que nous devons avoir pour Dieu règnent dans notre cœur : en voyant la justice, la colère et la vengeance divines s'exercer d'une manière sévère contre l'homme et les nations infidèles, nous nous écrierons en présence de

ces châtiments divins, quelque terribles qu'ils soient :
« Vous êtes juste, ô mon Dieu ! oui, vous êtes juste et
vos jugements sont équitables. »

Il n'y a pas d'éternité pour les nations. L'homme est
jugé après la mort ; il sera de nouveau jugé à la fin des
temps comme individu, et il sera, comme individu,
récompensé ou puni dans l'éternité. Les hommes comme
peuple, les nations ne paraîtront pas au tribunal de
Dieu à la fin des temps, il n'y aura point pour elles
d'éternité heureuse ou malheureuse. Les nations sont
récompensées ou punies ici-bas, selon que la plupart,
que la généralité des hommes qui les composent aiment
Dieu et le servent ou se révoltent contre lui et s'aban-
donnent à leurs passions. Et de cela l'histoire du monde
nous offre mille exemples.

Quinze cents ans après la création du monde, les
hommes n'aimaient plus Dieu et ne le servaient plus,
et s'abandonnaient, comme les animaux privés de raison, à toutes leurs passions. Parmi eux, il ne se trouvait pas même dix justes, comme ils ne se trouvèrent
pas, quelques siècles plus tard, dans Sodome et Gomorrhe. Et Dieu résolut de faire périr le genre humain.
Cependant il voulut, dans sa miséricorde infinie, accorder aux hommes coupables, qu'il avait créés pour l'ai-
mer et le servir et leur donner le Ciel, et qui ne se
servaient des dons dont il les avait comblés que pour
l'outrager : il voulut bien, dans sa miséricorde infinie,
leur accorder un délai pour se repentir et revenir à lui.
Dieu attendit, pour punir les hommes révoltés contre
lui, cent vingt ans. Et les hommes insensés et aveugles,
n'ayant mis à profit ces longues années que pour outrager davantage leur divin Créateur, se rire de Noé et de
ses prophéties et de l'arche qu'il construisait sur l'ordre

de Dieu : Dieu les fit tous périr dans les eaux du déluge. Noé, seul juste, fut seul sauvé avec sa femme, ses trois fils et les épouses de ses fils. Ce châtiment fut terrible ; mais les hommes étaient-ils excusables ?

Sodome et Gomorrhe, Adama, Séboïm, étaient plongées dans la plus effroyable luxure. Loth seul, avec sa femme et ses deux filles, se gardaient purs au milieu de cette épouvantable corruption et étaient seuls justes. Dieu résolut de foudroyer ces villes. La vertu, les exemples, les reproches de Loth, effets de la miséricorde de Dieu, n'avaient servi de rien ; la cécité dont furent frappés, par les deux anges qui allèrent retirer Loth, ceux qui voulaient les outrager, fut inutile, et Dieu fit tomber sur ces villes une pluie de soufre qui les consuma et fit de cette contrée un lac de bitume, qu'on appelle aujourd'hui la mer Morte. Dieu a-t-il créé les hommes, je le demande, pour qu'ils se conduisent comme des animaux sans raison ? Dieu n'est-il point juste, son jugement n'est-il point équitable, quand il frappe ainsi des villes, des nations corrompues, au milieu desquelles il ne se trouve pas même dix justes qui l'aiment et observent sa loi ? Et, veuillez le remarquer, mes frères et mes sœurs, même dans ses châtiments, Dieu fait éclater sa miséricorde ; car, en général, il ne punit point les hommes subitement et ne les précipite point subitement en enfer. Lors du déluge, et à Sodome, quand l'eau du ciel et la pluie de soufre commencèrent à tomber, les coupables, se voyant sur le point de périr, purent, s'ils le voulurent, tourner leur cœur vers Dieu et obtenir leur pardon ; car telle est la miséricorde infinie de Dieu : il se contente d'un moment, d'une seconde de repentir ; de la dernière seconde de notre vie.

Pharaon et les Egyptiens avaient irrité Dieu par leurs

persécutions injustes contre le peuple juif, et Dieu châtia ce roi et ce peuple coupables. Les dix plaies de l'Egypte ne sont autre chose que les dix châtiments que Dieu infligea dans sa juste colère à ce prince et à sa nation. Le neuvième châtiment consista en trois jours de ténèbres si épaisses que nul, durant ces trois jours, ne vit la face de son semblable et que le feu ne répandait aucune clarté. Les ténèbres ne couvrirent que le pays habité par les Egyptiens, car le soleil brillait dans un ciel sans nuages dans le pays de Gessen, où les fils de Jacob demeuraient. La dixième plaie ou châtiment fut la mort, dans une même nuit, de tous les fils aînés de l'Egypte, depuis le fils de Pharaon jusqu'au fils de la femme esclave et jusqu'aux premiers-nés des animaux.

Pharaon et les Egyptiens permirent alors à Moïse et à son peuple de se rendre dans la terre promise ; mais ils revinrent bientôt à leurs vomissements, selon l'expression du saint Evangile, et ils se mirent à la poursuite des Israélites, afin de les ramener. Ils s'engagèrent sur leurs pas dans le lit de la mer Rouge laissé à sec ; ils allaient les atteindre et criaient de joie, quand, les Hébreux étant arrivés sur l'autre rive, les eaux suspendues revinrent aussitôt sur elles-mêmes, et Pharaon, avec les treize cent mille hommes de son armée, sans qu'il pût s'en échapper un seul, périrent tous dans les flots.

Si les Hébreux, sortis d'Egypte, restèrent quarante ans dans le désert au lieu d'entrer aussitôt dans la terre promise, c'est parce qu'ils irritèrent Dieu contre eux et lassèrent sa miséricorde. Si les peuples qui habitaient la terre promise furent tous massacrés par les Israélites sur l'ordre de Dieu, c'est parce qu'ils avaient offensé Dieu et lassé sa miséricorde.

Chaque fois que les Hébreux, en possession de la terre promise, offensèrent Dieu, Dieu les châtia. Et quand Dieu fut las de leur pardonner et de leur envoyer des prophètes, qu'ils mettaient en prison et faisaient mourir, il lança contre eux les Assyriens, qui ravagèrent leur contrée, réduisirent Jérusalem en cendres et traînèrent leurs habitants chargés de chaînes à Babylone. Jérusalem fut détruite une seconde fois, trente-sept ans après la mort de Notre-Seigneur. Elle fut livrée à la guerre civile, assiégée et détruite par les Romains. Notre-Seigneur le lui avait prédit : « Jérusalem, qui fais mourir les prophètes que Dieu t'envoie pour te prêcher la vérité et la pénitence, il ne restera pas de toi pierre sur pierre. »

L'histoire du monde nous offre au XIVe siècle un exemple terrible de la justice et de la vengeance du Ciel contre les nations coupables. Nous allons citer l'abbé Rohrbacher. Ce célèbre historien, qui a publié en un grand nombre de volumes l'histoire universelle de l'Eglise catholique, raconte ainsi, après avoir parlé de Taulère et du bienheureux Suso, célèbres prédicateurs de cette époque, ce châtiment terrible de la justice de Dieu :

« A leur époque, un prédicateur bien autrement terrible, envoyé de la part de Dieu, invitait alors toutes les nations à la pénitence : c'était la peste. » « On ne croira pas, dit Pétrarque, célèbre poète, qu'il y a eu un temps où l'univers a été presque dépeuplé, où les maisons sont demeurées sans familles, les villes sans citoyens, les campagnes incultes et toutes couvertes de cadavres. Comment la postérité le croirait-elle ? Nous avons peine à le croire nous-mêmes, et cependant nous le voyons de nos yeux. Sortis de nos maisons, nous parcourons la ville, que nous trouvons pleine de morts et de mourants. Nous rentrons chez nous, et nous n'y trouvons plus nos proches. Tout a péri pendant ce peu de moments d'absence. Heureuses les races futures qui ne voient point ces calamités et qui regarderont peut-être la description que nous en faisons comme un tissu de fables. » Suivant d'autres écrivains, les deux tiers des hommes furent emportés par cette mortalité générale ; il y eut des villes où il ne resta que la dixième ou même la vingtième partie des habitants : certaines provinces furent presque entièrement changées en d'affreuses solitudes. Les premières atteintes du mal contagieux étaient des pustules qui paraissaient sur le corps, accompagnées de fièvres malignes, dont on mourait au bout de deux jours. Partout on n'entendait que des gémissements, des plaintes aiguës, des lamentations effrayantes. Enfin, ajoutent ces écrivains, il est difficile de croire qu'au déluge les eaux aient détruit plus d'hommes que la peste n'en mit au tombeau dans l'espace de quatre ou cinq années.

» La contagion, continue Rohrbacher, prit son origine dans l'Asie septentrionale, l'an 1346, par une espèce d'exhalaison qui couvrit une vaste contrée, où l'on vit naître en même temps une quantité prodigieuse d'insectes qui achevèrent de corrompre l'air. La mortalité se communiqua promptement aux hommes et aux animaux ; elle passa de l'Asie en Egyte, en Grèce et aux îles de la Méditerranée. Elle s'empara ensuite des contrées de l'Europe ; elle la parcourut successivement tout entière, sans se fixer plus de cinq ou six mois dans les lieux où elle séjourna le plus. Elle vint d'Italie en France, d'où elle gagna la Catalogne et l'Espagne ; elle se retourna peu après sur elle-même pour infecter l'Alle-

magne, les pays septentrionaux et les îles Britanniques ;
de sorte qu'il n'y eut absolument aucun canton en Europe
qui n'en éprouvât les ravages. Sur quoi Pétrarque disait,
dans un des accès de sa douleur : « Eh quoi ! Seigneur,
il faut donc que nous soyons tous les plus méchants
hommes qui aient paru sur la terre. Il faut que vous nous
fassiez expier les crimes de tous les siècles, puisque vous
exercez contre nous une sorte de vengeance qui l'em-
porte sur toute la multitude réunie des divers châtiments
que vous avez envoyés contre les impies. » Nous inter-
rompons la citation de Rohrbacher, pour dire que, lorsqu'on est en présence des châtiments divins, on est porté
à croire et à dire, en voyant de quelle manière terrible
la vengeance de Dieu s'exerce, qu'aucun châtiment n'a
été jamais aussi épouvantable. Le châtiment des hommes
au déluge, de Sodome et Gomorrhe, fut bien plus grand.

Nous reprenons la citation : « L'histoire remarque
qu'à cette occasion il s'éteignit plusieurs bonnes maisons
à Paris et ailleurs ; qu'il mourut plus de jeunes gens que
de vieillards ; que le moindre commerce avec les pestiférés était mortel.

» Ce qu'on rapporte surtout de l'Hôtel-Dieu de Paris
est prodigieux. Durant fort longtemps, il y mourut
chaque jour plus de cinquante pestiférés. On les con-
duisait en monceaux au cimetière des Saints-Innocents ;
mais bientôt le terrain manquant pour inhumer ces
cadavres, et l'infection qu'ils causaient commençant à
se répandre, on ferma le cimetière et l'on en fit bénir
un autre hors de la ville. A cette époque, les papes
siégeaient à Avignon : le pape Clément VII, continue
Rohrbacher, eut soin des pauvres de la ville et dans
les environs ; et, comme partout ailleurs les cadavres
remplissaient les villes et augmentaient la contagion, il

acheta pour la sépulture des morts, un terrain dans la campagne où il les faisait transporter à ses frais. On y ouvrait des fosses larges et profondes et on les y entassait, toutefois ensevelis décemment ; c'était encore le pape qui avait voulu faire la dépense des suaires. »

Tel fut le terrible châtiment que Dieu infligea, au XIVe siècle, aux nations coupables.

La France et l'Europe ont-elles offensé Dieu au temps où nous vivons? Au temps où nous vivons, Dieu n'est plus honoré et servi en France et en Europe. L'impiété règne chez un grand nombre ; l'indifférence pour la pratique de la religion chez presque tous ; combien sont peu nombreux les véritables serviteurs de Dieu! La religion est honnie, Jésus-Christ prisonnier dans ses temples, le Souverain-Pontife dépouillé de ses Etats, la croix de Jésus et les statues de Marie-Immaculée arrachées des places publiques et des écoles, et les enfants élevés dans l'indifférence ou plutôt dans le mépris de la religion. Non, Dieu n'est plus le maître en France et en Europe, et ses ministres sont bafoués, tandis que Satan et ses complices marchent la tête haute et gouvernent les peuples qui les acclament et les adorent. Les églises de Jésus sont vides, la Table sainte abandonnée, et les temples de la franc-maçonnerie se remplissent de nouveaux adeptes, et les théâtres étincelants d'or et éblouissants de lumière, où trônent la vanité et la luxure, voient leur enceinte trop resserrée pour contenir la multitude avide et bruyante qui s'y précipite. L'orgueil, l'avarice, la luxure, le vol, la tromperie, dominent et entraînent de plus en plus les esprits et les cœurs: et se passe-t-il un seul jour sans que la terre n'ait à boire le sang humain que versent les nouveaux Caïns? Comme au temps du déluge, les hommes, à notre époque, ont oublié Dieu, ne l'aiment plus, ne le servent plus, quand ils ne tournent point contre lui la haine de leur cœur ; comme à Sodome, la corruption est générale ; comme au temps de Pharaon, Dieu, la religion et ses ministres, sont méprisés et persécutés.

Au milieu de ces désordres si grands de nos jours et de cette corruption universelle, Dieu, dans sa miséricorde infinie, a-t-il élevé la voix et menacé les peuples de les punir, s'ils ne se convertissent et ne reviennent à lui ?

Lors du grand châtiment, au XIVe siècle, dont nous avons parlé tout à l'heure, les peuples revinrent à Dieu, mais ce retour fut de courte durée. Depuis lors, Dieu n'a cessé de punir les nations pour les faire rentrer en elles-mêmes ; mais ces châtiments, ne frappant pas d'une manière terrible la généralité des coupables, les pécheurs et les peuples n'en ont pas profité. Ils se sont émus au commencement de ce siècle et après la guerre de 1870 ; leur émotion n'a duré qu'un moment, et l'impiété et l'indifférence pour la pratique de la religion, et la persécution n'ont fait que croître, et Satan dominer avec plus d'orgueil et d'audace avec ses complices, dont le nombre, dis-je, augmente tous les jours. La juste colère de Dieu ne doit-elle pas enfin éclater et foudroyer les hommes coupables qui se rient de lui, de ses menaces et de ses voyants ?

Au milieu de cette impiété, de cette indifférence pour la pratique de la religion et de cette corruption universelle, je le répète, Dieu a-t-il élevé la voix et menacé les peuples de les punir d'une manière terrible s'ils ne reviennent à lui ? Les prophètes ou voyants que Dieu a envoyés aux peuples depuis plus de cent ans sont nombreux ; leurs noms seuls rempliraient une longue page ;

nous n'en citerons que quelques-uns. Le Révérend Père Calixte, trinitaire, commence ainsi le treizième chapitre du livre troisième de la Vie de la vénérable Anna-Maria Taïgi, dont nous avons parlé dans la Lettre que nous vous écrivîmes de Rome, au mois d'avril dernier :

« La vénérable servante de Dieu, Anna-Maria, avait connu les événements qui, après le pontificat de Grégoire XVI, devaient marquer toute la suite glorieuse et tourmentée de celui de son successeur. Que notre tâche devient difficile et scabreuse ! Nous essayerons d'éviter tous les écueils, en nous bornant à la reproduction pure et simple des pièces authentiques recueillies dans le procès de béatification.

» Un jour, raconte le cardinal Pedicini, Anna-Maria priait, en versant un torrent de larmes. Elle offrait au Seigneur ses prières et ses souffrances, afin que les pécheurs se convertissent, que le péché fût détruit et que Dieu fût connu et aimé. Le Seigneur daigna lui manifester les horribles péchés des personnes de toute condition, et combien il en est offensé. A cette vue, la vénérable ressentit une profonde douleur et dit en soupirant : « O mon bien-aimé ! comment pourrait-on remédier à un si grand désastre ! » Il lui fut répondu : « Ma fille, mon épouse, mon père et moi nous remédierons à tout. Après le châtiment, ceux qui survivront devront se comporter ainsi....., etc. » C'est le père Calixte qui met ces points et ne donne point toutes les paroles de la vénérable. Nous ferons de même tout à l'heure quand nous citerons les paroles de Mélanie de la Salette. Je reprends la citation :

« Et elle vit une foule innombrable d'hérétiques rentrer dans le sein de l'Eglise ; elle vit aussi leur conduite édifiante et celle des autres catholiques.

» Une autre vision, continue le Révérend Père Calixte, eut lieu lorsqu'elle était en oraison devant le petit autel de sa chambre, dans la nuit du 21 mars 1812. La sainte femme priait pour les maux de l'Eglise et pour ceux du monde entier. Elle vit paraître dans les airs un globe semblable à la terre, entièrement entouré de flammes qui menaçaient de le consumer. D'un autre côté, était Jésus crucifié, répandant un torrent de sang : à ses pieds était la Sainte-Vierge, qui, ayant déposé son manteau de reine, priait instamment le divin Sauveur d'arrêter, par les mérites de son sang offert pour les pécheurs, les fléaux dont les hommes étaient menacés ; Anna-Maria s'unit à cette prière et la vision disparut. »

La seconde voyante dont nous allons citer les prédictions, c'est Catherine Labourée, fille de charité de Saint-Vincent de Paul, née en 1806, dans la Côte-d'Or, entrée en religion au commencement de 1830 et décédée en 1876. « Sœur Catherine, dit son historien, un père lazariste, déjà favorisée de visions célestes, souhaitait ardemment, dans sa naïve simplicité, voir la Très-Sainte Vierge. Pour obtenir cette grâce, elle s'adressa à son bon ange, à saint Vincent de Paul, à la Très-Sainte Vierge elle-même.

« Le 18 juillet 1830, veille de la fête de saint Vincent de Paul, la directrice du noviciat fit une instruction sur la dévotion aux saints et à la Sainte-Vierge, qui augmenta encore son désir. Sous cette impression, la jeune sœur se couche en se recommandant à son bienheureux père saint Vincent, avec la confiance que ses vœux vont être exaucés.

» Vers onze heures et demie, elle s'entend appeler par son nom de *sœur Labourée*, accentué trois fois de suite ; pendant ce temps, s'éveillant tout à fait, elle entr'ouvre

le rideau du côté d'où part la voix. Qui aperçoit-elle ?
Un jeune enfant d'une beauté ravissante, il peut avoir
de quatre à cinq ans ; il est habillé de blanc, et, de sa
chevelure blonde aussi bien que de toute sa personne,
s'échappent des rayons lumineux qui éclairent tout ce
qui l'entoure. « Venez, dit-il d'une voix mélodieuse,
venez à la chapelle, la Sainte-Vierge vous attend. »

» Mais, pensait en elle-même sœur Catherine qui cou-
chait dans un grand dortoir, on va m'entendre, je serai
découverte... — « Ne craignez rien, reprit l'enfant,
répondant à sa pensée, il est onze heures et demie, tout
le monde dort, je vous accompagne. »

» A ces mots, ne pouvant résister à l'invitation de
l'aimable guide qui lui est envoyé, sœur Catherine s'ha-
bille à la hâte et suit l'enfant, qui marchait toujours à
sa gauche, portant des rayons de clarté partout où il
passait, et partout aussi les lumières étaient allumées
au grand étonnement de la sœur. Sa surprise redoubla
en voyant la porte s'ouvrir dès que l'enfant l'eut touchée
du bout du doigt, et en trouvant l'intérieur de la chapelle tout illuminé, « ce qui, dit-elle, lui rappelait la
messe de minuit. »

» L'enfant la conduisit jusqu'à la balustrade de communion ; elle s'y agenouilla, pendant que son guide
céleste entrait dans le sanctuaire, où il se tint debout
sur la gauche.

» Les moments d'attente semblaient longs à sœur
Catherine ; enfin, vers minuit, l'enfant la prévient, en
disant : « — Voici la Sainte-Vierge, la voici ! » Au
même instant, elle entend distinctement du côté droit
de la chapelle un bruit léger, semblable au frôlement
d'une robe de soie. Bientôt une dame de grande beauté
vint s'asseoir dans le sanctuaire, à la place occupée

ordinairement par le directeur de la communauté, au côté gauche du sanctuaire. Le siège, l'attitude, le costume, c'est-à-dire une robe blanche un peu jaune avec un voile bleu, rappelaient la représentation de sainte Anne que l'on voit dans un tableau placé au-dessus. Cependant ce n'était pas le même visage, et sœur Catherine était là, luttant intérieurement contre le doute.

» Soudain le petit enfant, prenant la voix d'un homme, parla très fortement et fit entendre des paroles sévères, lui demandant si la reine du Ciel n'était pas maîtresse d'apparaître à une pauvre mortelle sous telle forme qu'il lui plaisait.

» A ces mots, toute hésitation cesse, et, ne suivant que le mouvement de son cœur, la sœur se précipite aux pieds de la Sainte-Vierge, posant familièrement la main sur ses genoux, comme elle l'eût fait avec sa mère.

» En ce moment, dit-elle, je sentis l'émotion la plus douce de ma vie, et il me serait impossible de l'exprimer. La Sainte-Vierge m'expliqua comment je devais me conduire dans mes peines, et, me montrant de la main gauche le pied de l'autel, elle me dit de venir me jeter là et d'y répandre mon cœur, ajoutant que je recevrais là toutes les consolations dont j'aurais besoin. Puis elle me dit encore : Mon enfant, je veux vous charger d'une mission ; vous y souffrirez bien des peines, mais vous les surmonterez à la pensée que c'est pour la gloire du bon Dieu. Vous serez contredite, mais vous aurez la grâce ; ne craignez point ; dites tout ce qui se passe en vous, avec simplicité et confiance. Vous verrez certaines choses, vous serez inspirée dans vos oraisons, rendez-en compte à celui qui est chargé de votre âme.

» Je demandai alors à la Sainte-Vierge l'explication des choses qui m'étaient montrées ; elle me répondit : Mon enfant, les temps sont très mauvais : des malheurs vont fondre sur la France ; le trône sera renversé, le monde entier sera bouleversé par des malheurs de toutes sortes. (La Sainte-Vierge avait l'air très peinée en disant cela.) Mais venez au pied de cet autel ; là, les grâces seront répandues sur toutes... sur toutes les personnes qui les demanderont, les grandes et les petites.

» Un moment viendra où le danger sera grand : on croira tout perdu ; là, je serai avec vous, ayez confiance ; vous connaîtrez ma visite, la protection de Dieu et de saint Vincent sur les deux communautés. Ayez confiance, ne vous découragez pas ; je serai avec vous.

» Il y aura des victimes dans d'autres communautés. (La Sainte-Vierge avait les larmes aux yeux en disant cela.) Dans le clergé de Paris, il y aura des victimes : Monseigneur l'archevêque mourra. (A ces mots, ses larmes coulèrent de nouveau.) Mon enfant, la croix sera méprisée : on la jettera par terre, on ouvrira de nouveau le côté de Notre-Seigneur, les rues seront pleines de sang, le monde entier sera plongé dans la tristesse. (La Sainte-Vierge ne pouvait plus parler ; la douleur était peinte sur son visage.) A ces mots, sœur Catherine pensait : Quand cela arrivera-t-il ? — Et une lumière intérieure lui indiqua *quarante ans*.

» Une autre version, écrite également de sa main, porte quarante ans, puis dix, puis la paix. A ce sujet, M. Aladel (le confesseur de Catherine) lui dit : Y serons-nous, vous et moi ? — Si nous n'y sommes pas, répliqua la sainte fille, d'autres y seront.

» La Sainte-Vierge la chargea encore de transmettre à son directeur plusieurs recommandations touchant la communauté des filles de Charité, lui annonçant qu'il serait un jour revêtu d'une autorité qui lui permettrait d'exécuter ce qu'elle demandait (M. Aladel fut nommé directeur de la communauté en 1846). Puis elle reprit encore une fois :

» Mais de grands malheurs arriveront : le danger sera grand, cependant ne craignez point : la protection de Dieu est toujours là d'une manière particulière, et saint Vincent de Paul vous protègera (la Sainte-Vierge avait toujours l'air triste). Je serai moi-même avec vous : j'ai toujours l'œil sur vous ; je vous accorderai beaucoup de grâces. La sœur ajoute : Les grâces seront répandues particulièrement sur les personnes qui les demanderont ; mais qu'on prie... qu'on prie...

» Je ne saurais dire, continue la sœur, combien de temps je suis restée près de la Sainte-Vierge ; tout ce que je sais, c'est qu'après m'avoir parlé longtemps, elle s'en est allée, disparaissant comme une ombre qui s'évanouit.

» S'étant relevée alors, sœur Catherine retrouva l'enfant à la place où elle l'avait laissé, lorsqu'elle s'était approchée de la Sainte-Vierge ; il lui dit : Elle est partie ! Et, se mettant de nouveau à sa gauche, il la reconduisit de la même manière qu'il l'avait amenée, répandant une clarté céleste.

» Je crois, continua la sœur, que cet ange était mon ange gardien, parce que je l'avais beaucoup prié pour qu'il m'obtînt la faveur de voir la Sainte-Vierge....... Revenue à mon lit, j'entendis sonner deux heures, et je ne me suis point endormie. »

Dans le courant du mois de novembre de la même année 1830, la Très-Sainte-Vierge apparut de nouveau à sa sœur Catherine, et lui révéla la médaille miraculeuse.

BIBLIOTHÈQUE NATIONALE
R. F.
ESTAMPES

Telle est la prophétie de Catherine Labourée. Ainsi, en 1830, la Très-Sainte-Vierge nous annonçait les malheurs qui devaient arriver successivemeni, et les grands châtiments qui foudroieraient les hommes, toujours impénitents, cinquante ans plus tard : grands châtiments qui ont été retardés, mais qui sont proches et très proches, comme la Très-Sainte-Vierge le disait à la voyante de Boulleret, le 2 février 1885.

La Très-Sainte-Vierge, à cause de son amour sans bornes pour nous, ne s'est pas contentée d'apparaître à Catherine et dans la chapelle des filles de Saint-Vincent de Paul ; seize ans plus tard, elle apparaissait sur la montagne de la Salette, et nous faisait annoncer les mêmes châtiments, mais avec les détails les plus effrayants.

Que nous disait la Très-Sainte Vierge à la Salette, en 1846 ?

« Si mon peuple ne veut pas se soumettre, je suis forcée de laisser aller la main de mon Fils. Elle est si lourde et si pesante que je ne puis la retenir.

» Depuis le temps que je souffre pour vous autres ! Si je veux que mon Fils ne vous abandonne pas, je suis chargée de le prier sans cesse. Et, pour vous autres, vous n'en faites pas cas. Vous aurez beau prier, beau faire, jamais vous ne pourrez récompenser la peine que j'ai prise pour vous autres.

» Je vous ai donné six jours pour travailler ; je me suis réservé le septième, et on ne veut pas me l'accorder. C'est ce qui appesantit tant le bras de mon Fils.

» Ceux qui conduisent les charrettes, ne savent pas parler sans mettre le nom de mon Fils au milieu. Ce sont les deux choses qui appesantissent tant le bras de mon Fils.

» Si la récolte se gâte, ce n'est qu'à cause de vous autres.

» Je vous l'ai fait voir, l'année passée, par les pommes de terre ; vous n'en avez pas fait cas ; c'est au contraire : quand vous en trouviez de gâtées, vous juriez et vous y mettiez le nom de mon Fils. Elles vont continuer à se gâter ; à la Noël, il n'y en aura plus.

» Si vous avez du blé, il ne faut pas le semer. Tout ce que vous sèmerez, les bêtes le mangeront ; et ce qui viendra tombera tout en poussière, quand vous le battrez. Il viendra une grande famine. Avant que la famine vienne, les petits enfants au-dessous de sept ans prendront un tremblement et mourront entre les mains des personnes qui les tiendront ; les autres feront pénitence par la faim. Les noix deviendront mauvaises ; les raisins pourriront. »

Mélanie ajoute : « Ici la belle dame qui me ravissait resta un moment sans se faire entendre ; je voyais cependant qu'elle continuait, comme si elle parlait, de remuer gracieusement ses aimables lèvres. Maximin recevait alors son secret. Puis, s'adressant à moi, la Très-Sainte Vierge me parla et me donna un secret. Ce secret, le voici tout entier et tel qu'elle me l'a donné. »

Avant de transcrire ce secret, nous dirons que Mélanie et Maximin écrivirent leur secret quelques années plus tard, et, accompagnés par un chanoine de Grenoble, le portèrent à Rome où ils le remirent aux mains de Pie IX. Le secret de Maximin n'est point connu, il ne devait point le révéler ; celui de Mélanie fut connu plus tard, la Très-Sainte Vierge lui ayant dit qu'elle pourrait le publier en 1858. Il fut publié à cette époque ou quelques années après, mais le silence se fit sur les menaces de la Très-Sainte Vierge, comme il se fait sur celles de Notre-Dame des Sept-Douleurs à Boulleret. Il fut cependant imprimé et répandu en France, il y a quelques années ; on se récria, et on fit courir le bruit que Rome l'avait condamné. Nous allons donner ce qui concerne les temps présents, et peut édifier et porter les associés à prier davantage Dieu et répondre au désir de Notre-Dame des Sept-Douleurs exprimé à Boulleret : « Ceux qui honoreront les sept plaies de mon cœur seront préservés de tout danger. » Nous désirons que l'on ne nous demande pas quelles sont les paroles que remplacent les points, car nous ne pourrions les donner et nous ne les donnerions pas ; nous désirons même que l'on ne cherche pas à connaître le secret en entier, à se le procurer. Que les fidèles serviteurs de Notre-Dame des Sept-Douleurs s'en tiennent aux paroles que nous allons citer. La petite brochure que nous avons sous les yeux, renfermant le secret de Mélanie, a été imprimée à Lecce, en Italie, et porte l'*imprimatur*, ou permis d'imprimer, de la curie épiscopale de cette ville.

« Mélanie, ce que je vais vous dire maintenant ne sera pas toujours secret, vous pourrez le publier en 1858.

. . . .

» . Dieu va frapper d'une manière sans exemple. Malheur aux habitants de la terre ; Dieu va épuiser sa colère, et personne ne pourra se soustraire à tant de maux réunis.

» Les chefs, les conducteurs du peuple de Dieu, ont négligé la prière et la pénitence, et le démon a obscurci leurs intelligences ; ils sont devenus ces étoiles errantes que le vieux diable entraînera avec sa queue pour les faire périr. Dieu permettra au vieux serpent de mettre des divisions parmi les régnants, dans toutes les familles et dans toutes les sociétés ; on y souffrira des peines physiques et morales ; Dieu abandonnera les hommes à eux-mêmes, et enverra des châtiments qui se succèderont pendant plus de trente-cinq ans. »

Nous croyons que ces châtiments ont commencé en 1848. Nous reprenons le secret de Mélanie : « La société est à la veille des fléaux les plus terribles et des plus grands événements ; on doit s'attendre à être gouvernés, par une verge de fer et à boire le calice de la colère de Dieu.

. . . .

« L'Italie sera punie de son ambition en voulant secouer le joug du Seigneur des seigneurs ; aussi elle sera livrée à la guerre. Le sang coulera de tous côtés. Les églises seront fermées ou profanées ; les prêtres, les religieux seront chassés ; on les fera mourir et mourir d'une mort cruelle. » La Très-Sainte Vierge dit à Boulleret qu'à cette époque il faudra rester chez soi, prier et ne pas penser à fuir. Il faudra rester chez soi et prier comme nous vous le recommanderons alors dans nos Lettres. Nous reprenons :

« En l'année 1864, Lucifer, avec un grand nombre de démons, seront détachés de l'enfer ; ils aboliront la foi peu à peu... »

Le Saint-Père, dans l'invocation à saint Michel archange qu'il a prescrit aux prêtres de réciter après la messe, parle des démons qui rôdent dans le monde *(pervagantur in mundum)*. Depuis 1864, qu'est devenue la foi ? Elle s'est réveillée chez quelques-uns en 1870, lors des châtiments partiels infligés à notre nation, mais ce réveil a été de courte durée, et elle a continué et continue encore à s'éteindre de plus en plus. Mais reprenons : « Les mauvais livres abonderont sur la terre et les esprits de ténèbres répandront partout un relâchement universel pour tout ce qui regarde le service de Dieu ; ils auront un très grand pouvoir sur la nature ; il y aura des églises pour servir ces esprits. (Ce sont les temples de la franc-maçonnerie.)

. . . .

» Le vicaire de mon Fils aura beaucoup à souffrir, parce que pour un temps l'Eglise sera livrée à de grandes persécutions ; ce sera le temps des ténèbres, l'Eglise aura une crise affreuse.

» Les gouvernants civils auront tous un même dessein, qui sera d'abolir et de faire disparaître tout principe religieux pour faire place au matérialisme, à l'athéisme, au spiritisme et à toutes sortes de vices.

» La France, l'Italie, l'Espagne et l'Angleterre seront en guerre ; le sang coulera dans les rues ; le Français se battra contre le Français, l'Italien avec l'Italien ; ensuite il y aura une guerre générale qui sera épouvantable. Pour un temps, Dieu ne se souviendra plus de la France ni de l'Italie, parce que l'Evangile de Jésus-Christ n'est plus connu. Les méchants déploieront toute leur malice ; on se tuera, on se massacrera mutuellement jusque dans les maisons.

» Au premier coup de son épée foudroyante, les montagnes et la nature entière trembleront d'épouvante, parce que les désordres et les crimes des hommes percent la voûte des cieux. Paris sera brûlé et Marseille engloutie. » Voilà pourquoi, malgré toute l'activité des zélateurs, nous avons recueilli peu d'associés à Paris et à Marseille ; car, si Notre-Dame des Sept-Douleurs avait beaucoup de dévots serviteurs honorant les sept plaies de son cœur dans ces villes, Dieu leur pardonnerait comme il pardonna autrefois à Ninive.

Nous reprenons : « Paris sera brûlé et Marseille

engloutie ; plusieurs grandes villes seront ébranlées et englouties par des tremblements de terre ; on croira que tout est perdu : on ne verra qu'homicides, on n'entendra que bruit d'armes et que blasphèmes. (Notre-Dame des Sept-Douleurs dit à Boulleret, le 2 février 1885, qu'on ne se convertira qu'au dernier châtiment.) Les justes souffriront beaucoup, leurs prières, leurs pénitences et leurs larmes monteront jusqu'au Ciel, et tout le peuple de Dieu demandera pardon et miséricorde, et demandera mon aide et mon intercession. Alors Jésus-Christ, par un acte de sa justice et de sa miséricorde infinie, commandera à ses anges que tous ses ennemis soient mis à mort. Tout à coup les persécuteurs de Jésus-Christ et tous les hommes adonnés au péché périront, et la terre deviendra comme un désert. Alors se fera la paix, la réconciliation de Dieu avec les hommes : Jésus-Christ sera servi, adoré et glorifié ; la charité fleurira partout.» Ce sera là le triomphe de l'Eglise, de Rome et de la France annoncé à Boulleret, triomphe auquel Joséphine a assisté en extase comme elle a assisté aux châtiments annoncés à la Salette. Comment tout à coup les persécuteurs et les hommes adonnés au péché périront-ils ? Probablement ils mourront durant les trois jours de ténèbres annoncés par Anna-Maria Taïgi, ténèbres qui ressembleront à celles de l'Egypte dont nous avons parlé au commencement de cette Lettre, par leur intensité, mais qui différeront d'elles parce qu'elles seront pestilentielles et feront mourir les pécheurs. La terre deviendra alors comme un désert, comme elle devint un désert au XIVe siècle, après le grand châtiment de Dieu.

Voilà ce que la Très-Sainte Vierge en pleurs nous disait à la Salette, il y a quarante et un ans. Les hommes, les peuples se sont-ils convertis ? Non. Le flot de l'impiété n'a fait que monter, et l'indifférence pour la pratique de la religion envahit le cœur de ceux qui, par position ou éducation ou douceur de caractère, ne se font pas persécuteurs de Dieu et de l'Eglise. La Très-Sainte Vierge s'est-elle découragée et a-t-elle abandonné les hommes ingrats et cruels envers elle au courroux du Ciel ? Elle ne s'est pas découragée ; elle ne nous a pas abandonnés ; n'est-elle pas la Mère de la divine miséricorde ? Elle a apparu à Lourdes, elle a apparu à Pontmain. Et, voyant que tous ses efforts étaient vains et que tout était perdu, et qu'elle ne pouvait plus soutenir le bras de son Fils prêt à nous foudroyer : qu'a-t-elle fait encore, cette divine Mère ? Elle a choisi une femme, l'a crucifiée et a fait couler son sang pour l'offrir à son divin Fils et retarder, au moins encore pendant quelques années, les terribles châtiments ; la justice de Dieu devant s'exercer enfin, car sa miséricorde est tout épuisée. Elle a fait plus encore : elle a dit à Boulleret que ceux qui honoreront les sept plaies de son cœur seront préservés de tout danger. Depuis douze ans, Marie apparaît à Boulleret pour nous annoncer, comme à la Salette, que Dieu va nous frapper, et nous engager, nous supplier avec des larmes de nous convertir, et elle daigne nous dire ce qu'il faut faire pour être préservés de ces châtiments.

Mais que nous dit la Très-Sainte Vierge à Boulleret ? Elle ne fait guère que nous repéter ce qu'elle nous a dit à la Salette, il y a quarante et un ans passés, ce que nous annonçait Anna-Maria Taïgi, il y a près d'un siècle.

Voici les paroles de la Très-Sainte Vierge à la voyante de Boulleret, selon l'ordre chronologique. Nous ne citerons que les paroles qui ont trait à notre sujet :

16 mars 1876. — « Reçois les grâces que Dieu t'accorde avec reconnaissance et remerciements... Souffre avec patience et résignation. Sois humble, douce, modeste, docile. Prie pour les incrédules. »

17 mars 1876. — « Je suis celle qui t'a dirigée, digne enfant de Marie, Dieu veut te faire la victime de cette paroisse pour la conversion des pécheurs. Tes souffrances sont loin d'être terminées. »

9 avril 1877. — « Mon enfant, les vomissements sont terminés, mais ce ne sera pas d'une longue durée, car tu dois encore souffrir. Ils reprendront leur cours le 9 septembre prochain, tous les jours de la semaine, à l'exception du samedi, et ils se termineront le 7 décembre. Et ces vomissements n'auront lieu en partie que le jour et non la nuit. »

7 septembre 1877. — Le 7 septembre, à trois heures du soir, Joséphine étant dans sa chambre, tout à coup la Très-Sainte Vierge se montre à elle, vêtue d'une robe plus blanche qu'à l'ordinaire. Elle porte sur sa poitrine un cœur rouge transpercé de sept glaives. Elle pleure et dit : « Courage, mon enfant, courage ! Ne perdons pas courage !... Oui, c'est dimanche que tu dois rentrer dans ton état de grandes souffrances et de pénitence. Ne te plains pas de ce que tu ressens, car, si tu sais bien souffrir, Dieu saura bien te récompenser. Quelquefois je t'entends prononcer ces paroles de désespoir : « Qu'ai-je donc fait, mon Dieu, pour tant souffrir ? » A ce moment, la Très-Sainte Vierge montre son cœur de ses deux mains et poursuit : « Vois mon pauvre cœur percé de sept glaives et navré de douleur. Qu'a-t-il donc fait pour tant souffrir et être tant offensé ? Ce sont vos péchés si souvent renouvelés qui me causent ces souf-

frances, et cependant je ne me lasse pas de souffrir pour vous ! Prions et souffrons pour cette pauvre France, car il est sûr que, si .elle ne cesse pas tous ses scandales envers Dieu, il lui enverra de grandes malédictions. » La Très-Sainte Vierge disait cela à Boulleret, en 1877, par conséquent il ne s'agissait pas de la guerre et des châtiments de 1870.

29 septembre 1877. — Vers huit heures du matin, la Très-Sainte Vierge apparaît. Elle a sur la poitrine son cœur percé de sept glaives. Elle pleure et dit : Pauvre enfant ! pourquoi es-tu si triste et te tourmentes à ce point ? Ne t'ai-je pas bien dit de rester en paix au milieu des souffrances et des tribulations que tu peux éprouver de la part de ce monde ? Mais il faut que je te console, malgré mes grandes souffrances, mes afflictions et mes douleurs ! Souviens-toi que je ne t'abandonne pas un seul instant. Je suis toujours auprès de toi pour te soulager et te fortifier dans tes grandes fatigues et tes grandes faiblesses. Il est vrai que tu .souffres beaucoup, mais tu ne souffres pas seule. Faut-il que je t'ouvre mon cœur pour te prouver encore davantage qu'elles sont les souffrances que je ressens de la part des pécheurs ? »

· A ce moment, le cœur s'entr'ouvre par une large blessure ; il est tout embrasé et demeure ainsi jusqu'à la dernière parole.

« Juge maintenant s'il peut y avoir des douleurs plus grandes et semblables aux miennes ? Oui mon enfant, il y en a, mais ce sont celles de Notre-Seigneur Jésus-Christ. Ce Dieu d'amour souffre depuis sa naissance et il souffrira jusqu'à la consommation des siècles. Et pour qui souffre-t-il ? Pour des hommes barbares, insensés et indifférents, qui ne veulent pas le servir ni le reconnaître pour leur Dieu, et pas même penser à lui ; ou du moins, s'ils y pensent, ce n'est que pour le profaner et le blasphémer. Un Dieu qui les nourrit et les comble de bienfaits ! Et, pour marque de reconnaissance, ils se vengent et se révoltent contre lui. Il leur ouvre son Cœur, et ils n'y entrent que pour le déchirer, l'outrager et le percer de mille glaives ! Faut-il qu'un père et une mère aiment leurs enfants pour ne pas les abandonner ? Non, nous ne les abandonnerons pas, mais Dieu les punira, car il est irrité et il m'est impossible d'apaiser sa juste colère..... Il veut frapper la France de toutes sortes de malheurs et d'afflictions ! »

La Très-Sainte Vierge lève les yeux au Ciel et pleure abondamment.

« Pauvre France ! Après avoir été privilégiée, elle sera donc punie à cause de son orgueil, de sa malice et de son ingratitude. Mon enfant, si je pleure, ce ne sont pas les douleurs de mon cœur qui me font pleurer, mais ce sont l'ingratitude et la perte de nos malheureux enfants qui tous les jours se laissent entraîner par le démon dans les précipices et les abîmes éternels de l'enfer. Ne crains pas de proclamer tout ce que je t'annonce et tout ce qui s'opère en toi ; surtout dis bien à ton confesseur et directeur que je tiens beaucoup à ce qu'il le fasse connaître et propager. Et je désire aussi que les sept douleurs de mon cœur soient honorées en faveur des pauvres pécheurs. Pour te tranquilliser et te rassurer, je vais te déclarer qui je suis, afin que tu aies la force et le courage de proclamer ma gloire, au milieu des souffrances que tu acceptes si bien avec résignation, en te soumettant à la sainte volonté de Dieu et à la mienne. Je suis la Mère de Dieu et ta Mère la plus chère qui viendra te visiter visiblement jusqu'à ta mort. »

21 novembre 1877. — « Recommande bien à tout le monde, surtout aux personnes pieuses, de prier pour l'Eglise, pour le clergé et pour le Souverain-Pontife, pour la France et pour la conversion des pécheurs. Voici comment je désire que les sept douleurs de mon cœur soient honorées par une Confrérie établie dans cette paroisse : en récitant tous les jours le chapelet de mes sept douleurs et l'*Ave Maria* de Notre-Dame de Compassion. Toutes les personnes qui accompliront cette œuvre, je les bénirai et les préserverai de tout danger. »

1er décembre 1877. — « Dans toutes les peines et situations fâcheuses où tu puisses te trouver, appelle-moi toujours à ton secours et j'interviendrai pour toi. Ne demande jamais rien qu'en désirant toutefois que la volonté de Dieu s'accomplisse. Une prière que tu me feras dans cette disposition ne sera jamais sans quelque fruit.

» Il y a beaucoup de personnes qui se recommandent à tes prières dans l'intention que je leur obtienne ce qu'elles savent bien n'être pas à la volonté de Dieu, et d'autres ne pensent à m'invoquer que lorsqu'ils sont dans les afflictions ou qu'il s'agit des biens de la terre. Doivent-ils s'attendre à être exaucés ? Non, si je prie pour eux, ce n'est pas pour leur obtenir ce qu'ils demandent et qui leur serait nuisible, mais ce qu'ils ne pensent point à demander et qui leur serait utile. Eh bien ! ma chère enfant, je suis de même pour toi. Je demande à Dieu qu'il t'envoie de grandes afflictions, qu'il te détache de la terre et te fasse penser au Ciel. Surtout n'abandonne pas ta croix de douleur, afin de recevoir la couronne des martyrs que je t'ai promise. »

8 décembre 1877. — Depuis trois mois, Joséphine ne mangeait pas ; depuis trois mois, elle vomissait du sang

de soixante-dix à quatre-vingt-quinze fois par jour, et
elle avait prédit que, le jour de la fête de l'Immaculée-
Conception, elle se lèverait, irait à la messe et mange-
rait comme une personne en parfaite santé. C'est ce qui
arriva. Ce jour-là, elle eut une apparition à huit heures
du matin, après laquelle elle se leva guérie, alla à la
messe et mangea ensuite comme une personne en par-
fait état de santé. Voici cette apparition :

La Sainte Vierge tient de la main droite une couronne
de roses blanches, de la main gauche une croix noire.
Sa robe est d'une blancheur éclatante. Elle sourit à la
voyante et lui dit :

« Il est donc arrivé, cet heureux jour de mon Imma-
culée-Conception, que tu as désiré pendant les trois
mois que tu as passés sur ton lit de douleur ! Quelle joie
et quel bonheur n'éprouves-tu pas en ce moment ! Mais
cette joie et ce bonheur seront bientôt évanouis. Il te
semble être déchargée de cette lourde et pesante croix
pour ne plus la reprendre ; il n'en sera pas ainsi, car
Dieu t'a choisie pour victime. Il t'a prédestiné à la
souffrance ; il a des desseins sur toi ; il veut les accom-
plir jusqu'au dernier jour de ta vie, Voici ce qu'il veut
de toi : que tu dises adieu à la terre, à ses vains objets
et à ses fausses douceurs, et que tu t'abandonnes entièrement à la souffrance ; que tu préfères, désires et aimes
les souffrances plutôt que tous les plaisirs et les vanités
de ce monde injuste et trompeur.

» Oui, ma chère fille, tu reprendras la croix que tu
viens de quitter le 3 février prochain, pour ne plus t'en
séparer qu'au jour de ton jugement.

» Tu vomiras tous les jours de la semaine, à l'exception des samedis, qui seront réservés en mon honneur,
comme je te l'ai annoncé le 9 avril dernier. Et ce vomis-

sement sera inégal, tantôt plus, tantôt moins renouvelé. Mais tu n'auras jamais moins de sept crises par jour.

» Dieu t'accorde et te permet aussi qu'aux principales fêtes de l'année, ou pour des intentions particulières qui se trouveront hors du samedi, de t'approcher de la sainte Table, de recevoir le pain de vie qui augmentera la grâce en toi et fortifiera ton âme et ton corps au milieu de ta cruelle douleur. Mais il ne faudrait pas faire de fréquentes communions dans l'intention de te préserver de tes vomissements, car ces communions n'auraient aucun mérite, et il se pourrait bien qu'au moment où tu irais t'approcher de la sainte Table Dieu provoquât tes vomissements et mît obstacle à ta communion. Maintenant, va recevoir mon divin Fils au pied du Tabernacle, et surtout humilité et obéissance. »

Dans notre dernière Lettre, nous avons dit que la Sainte-Vierge a apporté quelques adoucissements aux souffrances physiques de Joséphine et à ses peines morales.

1er février 1878. — « Ma pauvre fille, tes vacances sont finies, et l'heure de la souffrance et de la pénitence est venue. Oui, elle est venue cette heure où tu dois reprendre ta croix pour ne plus la quitter jusqu'au moment de recevoir la couronne éternelle. Tout en la portant, cette croix douloureuse, je veux que tu suives le règlement que je vais te donner, car tu es loin de remplir toutes ses perfections, qui sont : l'humilité, l'obéissance, la piété, la modestie, la charité, la douceur, la résignation, un grand courage, une sévère fidélité.

« Maintenant, voici le règlement de ta nourriture durant ta vie : je t'ordonne de prendre un verre de bouillon après ta dernière crise. Chaque fois que tu auras le bonheur de recevoir mon divin Fils, tu pourras prendre n'importe quelle nourriture. Si je te permets de prendre cette nourriture toutes les fois que tu auras le bonheur de recevoir le Dieu de l'Eucharistie, c'est tout simplement pour donner de la satisfaction à tes parents. »

A partir du 13 mai de cette année 1887, Joséphine peut aussi prendre de la nourriture le jour qu'elle ne vomit pas et qu'elle ne fait pas la sainte communion.

« Parfois, ma chère enfant, au milieu de tes afflictions et de tes accablements si douloureux, tu seras à l'agonie, manquant de force et de courage, de manière qu'il te sera impossible d'aller recevoir le pain des anges au pied des tabernacles. Mais, chaque fois que tu te sentiras la force d'assister aux offices, même hors du samedi, ne crains pas d'y assister, car Dieu ne permettra jamais que tu sois interrompue par une crise vomitive durant l'office. A demain matin. »

2 février 1878. — La Reine des anges, d'une voix très douce, dit à la voyante : « Parle, mon enfant. — Eh bien ! ma bonne Mère, puisque vous êtes véritablement ma Mère, ayez la bonté, s'il vous plaît, d'opérer quelque chose de plus miraculeux, afin que les incrédules croient et se convertissent. »

La Sainte-Vierge répond :

« Dieu n'a pas besoin de se soumettre davantage à son peuple. Il est le maître et il sait bien ce qu'il a à faire.

Au reste, ne va pas troubler ta conscience à ce sujet. Laisse les incrédules qui sont inquiets s'agiter tant qu'ils voudront. Pour toi, suis toujours la ligne que je t'ai tracée, tu ne craindras pas de t'égarer et, à la fin de ton pèlerinage, tu ne rendras compte tout simplement que pour toi et non pour les autres. On trompe les hommes sur la terre, mais on ne trompe pas Dieu. Il voit tout ce qui se passe ; il connaît les cœurs les plus purs et les plus impurs. Il sait ce qu'ils disent et ce qu'ils pensent, ce qu'ils désirent et à quoi ils passent leur temps. Puis, à la fin de leur carrière, il les jugera lui-même.

» Hier, ma chère fille, je t'ai fait des reproches, et aujourd'hui je viens te consoler, non pas pour te donner de l'orgueil, mais pour t'encourager encore davantage. Cétte tristesse, cette affliction, cette amertume, qui remplissaient autrefois ton cœur en voyant arriver la douleur, n'existent plus. Je suis contente de ton calme et de ta résignation. Courage, ma fille, je viens partager toutes les larmes que tu as versées et que tu dois verser encore. Je viens partager toutes les peines, les humiliations, les privations, les tribulations que tu as reçues et que tu dois encore recevoir. Courage, ma fille, toutes ces souffrances sont des roses qui formeront ta couronne. J'ai connu et porté avant toi le douloureux fardeau de la croix qui te fait gémir. Ranime ton courage et lève les yeux au Ciel. C'est là que règne la récompense promise à tes longues douleurs.

» Tu vois, ma chère enfant, que tu n'es pas encore délivrée des peines de ce monde ; tu seras châtiée, calomniée, méprisée jusqu'à ton dernier soupir. Mais, quand bien même tu devrais être emprisonnée, lapidée, martyrisée, ne manque jamais de confiance, car un seul instant d'infidélité suffirait pour te faire perdre ta couronne. »

25 mars 1878. — La Sainte-Vierge apparaît. Elle a son cœur transpercé de sept flèches ; à la main gauche, une croix noire, à la main droite, une couronne de

roses blanches, mais il y manque une rose. Elle dit à la voyante : « Vois-tu ce qui manque à ta couronne ? » Joséphine : « C'est une rose. — Fais bien attention de ne pas perdre la couronne entière, car cette rose qui manque est une marque de ton infidélité. Comment ! après t'avoir prévenue de tout ce qui doit t'arriver, au moment de l'épreuve, tu te laisses aller au désespoir et à l'impatience ? Il est vrai que tu peux sentir de l'ennui, du chagrin et verser des larmes, mais je veux que tu conserves le calme, la patience et le courage. Si Dieu t'a choisie pour victime, ce n'est pas pour que tu éprouves du bonheur et de la joie en ce monde.... Ne te trouble pas, rassure ton âme : je suis Notre-Dame des Sept-Douleurs. Mes douleurs ne sont pas assez connues, et ceux qui les connaissent ne les honorent et ne les respectent pas assez. Mon cœur est transpercé tous les jours d'un nouveau glaive. Il est outragé comme il ne l'a jamais été par les pécheurs ingrats et rebelles..... Quand tu sera dans la tristesse, accablée par le fardeau de la douleur, tu contempleras la Passion du divin Sauveur du monde et les sept douleurs de mon pauvre cœur. Et là, tu verras si tes souffrances sont comparables aux nôtres. Que la résignation soit ton partage, car tu verseras des larmes jusqu'à ta dernière heure. »

12 avril 1878. — La Très-Sainte Vierge, assise, tient sur ses genoux le corps de Notre-Seigneur descendu de la croix, et dit à la voyante : « Vois, ma chère enfant, ce que la barbarie des hommes nous causa et nous cause encore incessamment. Je vois tous les jours les blessures, la passion et la mort de mon divin Fils, non seulement renouvelées, mais encore rendues inutiles par une ingratitude, une indifférence, une impiété, une incrédulité sans bornes. Presque tous les chrétiens nous

méprisent, nous refusent et tous méconnaissent. Nous n'éprouvons de leur part que les outrages les plus sanglants. Aussi Dieu leur envoie ces avertissements ; mais malheur à ceux qui n'en profiterons pas. Oui, je le répète, si le peuple ne cesse pas de violer les commandements de Dieu et de l'Eglise, la France est à la veille d'être châtiée, car il m'est impossible de retenir plus longtemps le bras de mon Fils. »

13 mai 1878. — « Je suis la Reine des martyrs. Et qui me cause ce martyre, ce cœur transpercé de sept glaives et tout embrasé de flammes, et ces larmes limpides ? Ce sont les crimes de tous les pauvres pécheurs, l'endurcissement et l'indifférence de beaucoup de ces enfants que je vois à mes pieds, et qui, au lieu de m'honorer avec le plus grand recueillement, ne sont pour moi que des enfants ingrats et dénaturés. »

1er mai 1880. — « Recommande bien à tout le monde de prier beaucoup et de faire de bonnes communions. Courage, pauvre France ! pauvre Eglise ! pauvre clergé ! courage tous les associés de Jésus-Christ ! Vous ne serez pas ébranlés a-delà de vos forces. Après la persécution, l'Eglise triomphera et refleurira. Surtout grande humilité, obéissance et soumission. ».

1er mai 1881. — La Sainte-Vierge pleure. Elle dit : « Mon enfant, obéissance avant tout. Ames pieuses et fidèles, j'admire votre courage, votre confiance et votre persévérance en cette œuvre de Notre-Dame des Sept-Douleurs. Priez beaucoup ; faites de bonnes et ferventes communions. L'impiété s'agite avec furie ; une grande partie du peuple est assise à l'ombre de la mort. L'Eglise est en péril : les vagues ne cessent de mugir contre elle ; le démon fait ses plus grands efforts sur la France déjà blessée par sa malice.

» Toi, ô France, la bien-aimée de mon cœur, fille aînée de l'Eglise, qui étais la première en tête à rendre l'honneur, la gloire et le culte dans le temple du Seigneur, à vénérer et honorer mes sanctuaires, tu nous abandonnes et tu nous délaisses ; et aujourd'hui tu es la première à poser le pied sur le Christ, Fils du Dieu vivant, Dieu de l'Eucharistie, le Pain des forts. Tu es aussi le scandale et la ruine des puissances étrangères. Ce siècle est sourd aux menaces des cieux et aux avertissements que Dieu lui envoie. Vous touchez aux tristes et cruels événements, aux fléaux que Dieu va répandre sur son peuple rebelle. Le sang coulera sous le tranchant des épées meurtrières, sous le joug et le feu de différentes armes. Ce châtiment sera court, mais terrible et épouvantable.

7 août 1881. — « Quelle affliction, quelle désolation pour une tendre Mère et un Fils qui a répandu son sang pour le salut du monde entier. Dieu a envoyé des avertissements à ses enfants : au lieu de s'y soumettre, de se prosterner et d'implorer grâce et miséricorde, ils s'acharnent et se révoltent avec une barbarie et une atrocité sans bornes.

» Pauvre France ! pauvre Eglise ! pauvre clergé ! pauvres religieux, religieuses et laïques ! Les temps, les jours déplorables avancent à grands pas sur vos têtes. Mes enfants, il est temps que vous vous prépariez à la pénitence, car les prières ferventes ne peuvent plus suffire pour m'aider à retenir le bras courroucé de mon Fils. Je suis forcé de lui laisser exécuter son fatal dessein sur une grande partie de l'univers, car il est irrité au dernier point. Non, jamais Dieu n'a été tant outragé et profané..... qu'il l'est maintenant, surtout dans le Saint-Sacrement de l'Eucharistie.....

Le temps de l'abomination et de la désolation et ténébreux est proche. « (L'abomination indiquerait la profanation des églises ; la désolation, la guerre de peuple à peuple ; le temps ténébreux, les trois jours de ténèbres annoncés par Anna-Maria Taïgi et Canori Mora.) Dans notre dernière visite à Boulleret, nous disions à Joséphine ; « Anna-Maria Taïgi et Canori Mora parlent de trois jours de ténèbres ; il me semble qu'il n'en est point parlé dans vos apparitions ? » Elle répondit : « Pardon, Monsieur, il est parlé dans le livre des apparitions de temps ténébreux. « Lorsque vous serez sous le poids du massacre, ne vous enfuyez point ailleurs, afin d'être épargnés. Cela sera inutile. Ne vous désespérez pas de manière à perdre confiance en la grâce de Dieu. Abandonnez-vous entièrement entre ses mains puissantes. Restez en famille, et priez paisiblement en commun dans vos foyers. Dieu vous protégera et vous préservera à sa volonté. » Dieu préservera à sa volonté ceux qui honorent les sept plaies du cœur de Marie, car Notre-Dame des Sept-Douleurs, dans l'apparition du 29 septembre 1877, comme nous l'avons vu, préservera de tout danger les personnes qui accompliront l'œuvre de Boulleret, c'est-à-dire ceux qui honoreront les sept plaies de son cœur.

13 mai 1883. — La Sainte-Vierge apparaît à Joséphine avec son cœur transpercé de sept glaives ; elle sanglote. Elle dit : « Mon enfant, pour mourir, il faut souffrir. Tu n'es pas encore à ta dernière heure, ni à ta dernière souffrance, car tu as encore beaucoup à souffrir physiquement et moralement : voilà ton partage...»

A ces mots, la Sainte-Vierge, le cœur toujours transpercé de sept glaives, gravit un calvaire sur lequel se dresse une croix de bois. Derrière le calvaire apparaît un champ de bataille couvert de blessés, de morts et de mourants, au milieu desquels la voyante distingue des soldats et des civils. Plus loin elle découvre des sabres brisés, des maisons écroulées, une église dévastée, et, parmi les ruines de cette dernière, trois autels de front. Au maître-autel, un prêtre célèbre la sainte messe avec une frayeur dont il donne des signes certains. Sur l'autel à gauche, des saints ciboires renversés, des garnitures déchirées. Alors la Sainte-Vierge, debout au pied du Calvaire, dit : « Priez, peuples chrétiens ; priez, âmes dévouées au Sacré-Cœur de Jésus et à sa divine Mère, car bientôt vous allez voir se dérouler sous vos yeux la scène terrible et douloureuse de cet épouvantable drame. Oh ! quel horrible spectacle ! Non, jamais nation, jamais la terre n'ont rien vu de si effrayant et de si épouvantable. Prenez votre croix et suivez au Calvaire Marie, la Mère de douleur, la Mère inconsolable, et vous y verrez quelles rigueurs le bras vengeur et irrité de Dieu doit exercer sur son peuple endurci, sur les effrénés rebelles et sacrilèges qui méprisent et foulent aux pieds tous les sentiments de l'Eglise, et la tradition de la piété catholique de l'Orient, de l'Occident, et enfin de toutes les parties du monde. Les malheureux ! ils ne craignent pas de proférer les plus horribles et les plus misérables blasphèmes ! O peuple criminel ! ô hommes superbes et dégradés qui persécutez l'Eglise, cette mère affligée par le deuil, qui la plongez dans de si grandes douleurs et désolations ; vous vous croyez les maîtres du Ciel et de la terre, et enfin de l'Etre suprême, et cependant vous êtes ses créatures ! Bientôt vous tremblerez de frayeur aux éclats de son tonnerre, qui plane déjà et grondera peut-être demain sur vos têtes.

» O pères et mères chrétiens, c'est maintenant que vous allez devenir des pères et des mères désolés, et que vos âmes seront pleines de défaillance! Oh! quelle affliction immense et profonde, au moment du débordement de vos maux, qui seront semblables au mouvement des eaux soulevées par la tempête ! O mes enfants, à qui donc vous comparerai-je et qui trouvera quelque chose de semblable et d'égal à vos tourments?

» Lorsque les armes sanguinaires briseront les liens si doux de beaucoup de jeunes époux, vous pleurerez, pères et mères infortunés, vos fils chéris qui devront mourir et répandre leur sang pour la patrie et le triomphe de l'Eglise ! Pleurez, mais ne murmurez point dans ces moments si lamentables. Mes chers enfants, âmes dévouées et fidèles à l'Eglise de Jésus-Christ, veillez et priez ; surtout veillez à ce que vos lampes soient bien garnies de l'huile la plus pure, afin que votre lumière ne s'éteigne point au milieu des flots irrités, des eaux sombres et troublées de la tempête. Au milieu de la tourmente, des hommes à l'aspect farouche feront entendre des cris et des hurlements effroyables, ressemblant à ceux de l'enfer ; leurs cœurs seront enflammés des passions les plus féroces.

» Ce spectacle lugubre est présent aux regards mêmes des plus fidèles et dévoués serviteurs de Marie. Une populace altérée de sang plongera les âmes les plus solides dans une terreur mortelle. Oh! oui, chers enfants, c'est là que vous aurez besoin de force et de courage, car vos maux et vos douleurs seront au-dessus de tout remède et de toute consolation. Mais n'oubliez pas la Consolatrice des affligés et la mère de miséricorde. Elle vous soutiendra et vous protégera dans vos plus grands combats. » Notre-Seigneur nous fait dire dans l'*Acte d'amour* révélé à la voyante le 13 mai 1886 : *Puissions-nous nous maintenir groupés sous l'aile virginale et protectrice de la Mère affligée, afin qu'elle nous console et nous fortifie dans la terrible défaillance.*

8 septembre 1883. — « Dieu est infiniment bon et miséricordieux. Il est si grand et si saint qu'il est obligé de frapper son peuple endurci et rebelle, et bien plus grand quand il doit le juger. Sa gloire commande le respect et l'adoration permanente ; mais ses enfants dénaturés et misérables n'ont qu'indifférence et malice ; ils le méprisent, le profanent, l'injurient et le foulent aux pieds chaque jour... Dans ces moments si tristes, si désolants, qui sera entre vous et Dieu pour rassurer vos cœurs inquiets et troublés par la terrible et désastreuse tempête qui dévastera une grande partie de l'univers, mais surtout et principalement les grandes villes où se commettent tant de crimes ? Notre-Dame des Sept-Douleurs... Mes enfants, munissez-vous dès à présent de cierges bénits, de scapulaires, de médailles, de chapelets et d'images du Sacré-Cœur, pour les événements qui surviendront. »

2 février 1885. — Nous avons parlé de cette apparition dans notre dernière lettre. Dans cette apparition, la Très-Sainte Vierge annonce que les malheurs sont proches et très proches ; que l'on ne se convertira qu'au dernier châtiment.

13 mai 1887, la Très-Sainte Vierge a dit à la voyante que l'archange saint Michel va précipiter en enfer Satan et ses complices.

13 mai 1889 : « Il faut à tout prix une nouvelle régénération du genre humain. »

13 mai 1890 : « Elle est debout la Vierge sans tache demandant à son divin fils les grâces qui vous sont

nécessaires pour traverser les terribles châtiments qui sont suspendus sur vos têtes... En ce moment tout est bouleversé. Mais qui pourra résister à cette ruine, si Dieu nous abandonne ? » La Sainte-Vierge a dit à la Salette : La terre, après les châtiments, ressemblera à un désert. « Notre-Dame des Sept-Douleurs, ou plutôt la voyante, témoin de ce cataclysme, ajoute : Un cri lamentable et de desespoir se fait entendre par toute la terre ! Le sang coule à grands flots. » La Très-Sainte Vierge a dit à la Salette : « On se tuera dans les rues, on se massacrera jusque dans les maisons. »

13 mai 1891 : « Malheur à celui qui, pour se convertir, attendra les derniers châtiments... Qui aura vu quelque chose de plus abominable après que la main de Dieu nous aura frappés ? »

13 mai 1892 : « ... Il faut que Paris soit maudit, ainsi que les grandes villes où il se commet tant de crimes... Les maisons s'écroulent. Les uns périssent au milieu des fléaux, les autres sous les décombres des maisons ou dans les flammes, ou dans des tranchées meurtrières... Oh ! quel désastre affreux ! Le sang des victimes se répand jusque dans les eaux de la mer. Une partie de la terre est toute déserte. Celui qui aura vécu loin de son pays aura de la peine à retrouver le chemin de son logis. Oh ! chose terrible et horrible ; personne, sans la puissance de Dieu, ne pourra y tenir. Les âmes les plus ferventes tomberont dans une terreur et une angoisse mortelle. »

Tel est le récit de quelques-uns des grands châtiments que Dieu tout-puissant, infiniment bon et miséricordieux, et aussi infiniment juste et sévère, a infligés, à travers les âges, aux nations endurcies dans le mal. Telles sont les prophéties de ce siècle qui annoncent les grands châtiments que Dieu, dans sa juste et terrible colère, va infliger à la France et à l'Europe coupables.

Et ces grands châtiments, nous venons de le voir, ce seront : la guerre civile, la guerre européenne, des tremblements de terre, tous les fléaux réunis de la vengeance divine, qui foudroieront la France et l'Europe, et la plus grande partie de l'univers.

Quel sera le châtiment final? Trois jours de ténèbres pestilentielles, pendant lesquelles il mourra une infinité d'hommes, principalement les persécuteurs, les égorgeurs, les hommes adonnés au vice ; une infinité, en sorte que la terre, comme il est dit à la Salette, la terre ressemblera à un désert. Ces ténèbres ont été annoncées par Anna-Maria Taïgi. « Pendant plusieurs jours de suite, dit le père Calixte, elle vit se répandre sur le monde entier des ténèbres excessivement épaisses, puis tomber des débris de murs et de poutres, comme si un grand édifice se fût écroulé. Ce fléau lui avait été manifesté à plusieurs reprises dans le mystérieux soleil. Monseigneur Nathali, confident pendant de longues années d'Anna-Maria Taïgi, interrogé au sujet de ces ténèbres par un grand nombre de personnes, a donné à tous l'assurance que ces ténèbres dureront trois jours. Au reste, Anna-Maria n'a point été seule à prédire cet événement. Elisabeth Canori Mora parle aussi d'un temps où régneront d'épaisses ténèbres.

Que faut-il faire en présence de ces châtiments terribles qui vont foudroyer les nations coupables ? Faire ce que la Très-Sainte Vierge recommande. Il faut prier, prier ; avoir son cœur pur, c'est-à-dire la conscience exempte de péchés, en particulier de péchés mortels. Il faut honorer les sept plaies du cœur de Marie ; ne laisser passer aucun jour sans réciter le chapelet des Sept-

Douleurs, ou du moins sept fois le *Je vous salue* de Notre-Dame de Compassion, porter la médaille de Notre-Dame des Sept-Douleurs ; avoir dans sa demeure l'image du Sacré-Cœur, plus particulièrement celle de Notre-Dame des Sept-Douleurs.

Et pour le châtiment final, pour les trois jours de ténèbres pestilentielles, — les ténèbres de l'Egypte ne furent point pestilentielles et ne causèrent point la mort des Egyptiens ; les ténèbres annoncées par Anna-Maria Taïgi seront pestilentielles et causeront la mort d'une infinité de personnes : pour ce châtiment final, dis-je, la Très-Sainte Vierge n'a-t-elle point indiqué un moyen à prendre, non pas pour s'en préserver, mais pour en diminuer l'horreur terrible ? Elle ne serait pas la Mère de la divine miséricorde, si elle ne nous avait point fait connaître ce que nous devons faire pour diminuer l'horreur épouvantable de ces ténèbres horribles. Elle nous le dit à Boulleret : « Munissez-vous, dès à présent, de cierges bénits. » Tel est le moyen indiqué par la Très-Sainte Vierge à Boulleret, et ce moyen a été indiqué aussi par d'autres voyants.

Cette recommandation de la Très-Sainte Vierge, se munir de cierges bénits, est une preuve de ces ténèbres épaisses qui envelopperont le monde. Ces cierges seuls donneront de la clarté. Il faut donc, ô mes biens chers associés, suivre cette recommandation, si précieuse et si importante de Notre-Dame de Boulleret, et vous munir dès aujourd'hui de cierges bénits. Vous pouvez les faire bénir tout de suite, ou les faire bénir le jour de la Purification, le 2 février prochain. Car ce jour-là, le prêtre, comme vous le savez, bénit durant la cérémonie tous les cierges que les fidèles assistant à l'office tiennent dans leurs mains. Combien faudrait-il de cierges bénits pour trois jours? Nous avons hier allumé et laissé brûler un cierge de stéarine pesant 82 grammes; il a brûlé pendant plus de huit heures. Il faudrait donc trois de ces cierges par jour et neuf pour trois jours. Nous vous conseillons de vous munir de douze cierges pesant chacun 82 grammes, ou d'autres cierges plus gros, mais pesant ensemble 984 grammes ou un kilo.

Faut-il que ces cierges soient en cire ou en stéarine ? La Sainte-Vierge ne le dit pas ; on peut donc se munir de cierges en stéarine, qui sont moins chers que les cierges en cire. Ne peut-on pas se munir de bougies? La Très-Sainte Vierge dit de se munir de cierges bénits. On nous a demandé, durant notre voyage, s'il ne fallait pas se munir aussi d'allumettes bénites? Non. Pendant ces trois jours, le feu brûlera, les cierges non bénits aussi, et aussi les allumettes, les lampes, les bougies, etc., mais ils n'éclaireront pas ; par conséquent, les allumettes s'allumeront et allumeront les cierges ou bougies bénits, qui, seuls, répandront une grande clarté au sein de ces épaisses et épouvantables ténèbres.

Nous vous en prions, mes biens chers associés, nous vous en supplions, pour vous, pour vos parents, surtout pour vos enfants, pour vos jeunes enfants, munissez-vous de cierges et faites-les bénir dès à présent et au plus tard le 2 février prochain. Représentez-vous ces ténèbres, qui dureront trois jours, si épaisses que nul ne verra la face de son semblable, au milieu desquelles vous entendrez les démons, chassés de la terre et rejetés par l'archange saint Michel dans l'enfer, crier dans les airs ; ces ténèbres pestilentielles, durant lesquelles vous entendrez les cris sinistres des pécheurs qui mourront, les plaintes lamentables de leurs proches, les pleurs de tous les hommes qui sécheront de frayeur en pré-

sence de cette justice terrible de Dieu : et vous-
mêmes, au milieu de ces ténèbres épouvantables, ne
pouvant voir vos pères, vos mères, vos frères et vos
sœurs, vos enfants ! Non, rien ne sera terrible comme
ces trois jours passés au sein de ces épouvantables
ténèbres. Et alors, si vous avez des cierges bénits,
vous les allumerez ; vous vous prosternerez au pied de
l'image de Notre-Dame des Sept-Douleurs ; vous pleurerez sans doute et jetterez des cris, mais ce ne seront
pas des cris de désespoir. Et dans votre douleur amère,
terrible, ah ! vous prierez Dieu, vous le prierez d'apaiser sa colère, de pardonner, de pardonner à son peuple
coupable, et vos prières adouciront le poids de votre
immense douleur. Et vous, mères, qui aurez des enfants
en ce moment : ah ! à la clarté du cierge bénit, vous
pourrez voir, baiser et allaiter le fruit de votre sein, et
offrir à Dieu irrité ces innocentes créatures. Et vous
qui possédez les auteurs de vos jours, avancés en âge,
vous les verrez aussi à la clarté du cierge bénit, et vous
pourrez baiser leur front et leur dire: Père, mère,
prions Dieu ; car ces ténèbres vont se dissiper, et, ensuite, ce sera le triomphe, le grand triomphe de l'Eglise
et de la France.

Mes chers frères et mes chères sœurs, la lecture de
cette Lettre va remplir peut-être votre esprit de tristesse, votre cœur de crainte et de douleur : ah ! ne vous
livrez point au découragement, encore moins au désespoir. Mais portez toute votre pensée et toute votre
attention sur les recommandations de la Très-Sainte
Vierge. Tous, mes frères et mes sœurs, ayons le cœur
bien pur. Vous qui avez des péchés mortels sur la
conscience, si malheureusement il s'en trouvait parmi
vous, qu'attendez-vous pour aller vous jeter au pied du

prêtre et obtenir le pardon? Attendez-vous que les églises soient fermées, les prêtres tués, mis en fuite ou cachés? Et vous qui menez une vie tiède, qui méritez les reproches que vous adresse dans l'*Acte d'amour* notre divin Sauveur : ah! de grâce, arrêtez-vous donc dans cette voie lamentable où vous marchez. Prenez de fortes résolutions, mettez-lez en pratique ; avancez dans la perfection ; faites de bonnes confessions et de bonnes et saintes communions.

Ayons donc le cœur pur et prions, prions, comme nous le dit la Très-Sainte Vierge par la bouche de sœur Labourée. Honorons les sept plaies du pauvre cœur de Notre-Dame des Sept-Douleurs. Ah! ne laissons passer aucun jour sans réciter le chapelet des sept douleurs de Marie, ou du moins sept fois le *Je vous salue* de Notre-Dame de Compassion. Soyons de dignes enfants de Marie désolée; pensons souvent à ses douleurs, et pleurons : mes frères et mes sœurs, pleurons, pleurons avec elle. Et puis, du zèle, du zèle, du zèle ! Je sais que vous en avez, zélateurs et zélatrices qui, dans l'espace de dix-sept mois, avez réuni au pied de Notre-Dame des Sept-Douleurs vingt mille associés. Oui, ce n'est pas sans éprouver la plus grande et la plus douce émotion que nous lisons vos lettres dans lesquelles vous insérez de longues listes d'associés, ces lettres enflammées de votre zèle pour Marie du Calvaire . Oui, merci, merci pour Marie, de votre zèle, mais ne vous arrêtez pas, ne vous reposez point ; continuez à chercher et à grouper sous l'aile virginale de Marie de nombreux serviteurs, victimes que vous arrachez aux dangers, à ces terribles châtiments qui vont fondre sur la France et l'univers. Et vous qui ne pouvez imiter ces sublimes zélateurs : eh bien ! tenez-vous sur la montagne comme Moïse, et priez ; ne cessez de prier Notre-Dame des Sept-Douleurs : elle obtiendra que les châtiments soient encore retardés et soient moins longs, qu'ils soient moins terribles. Et vous obtiendrez pour vous, pour vos proches, pour les lieux que vous habitez, le salut au milieu de ce grand et épouvantable cataclysme qui est proche et très proche.

Mes frères et mes sœurs, nous terminons cette lettre, cette lettre si longue et trop courte pour notre cœur, car notre affection pour vous et pour Marie désolée est très grande. Mes frères et mes sœurs, nous voilà donc prévenus par notre divine Mère : les châtiments qu'elle nous annonnce ne nous prendront pas à l'improviste : remercions-la donc, et faisons ce qu'elle nous recommande ; prions, prions ; ayons nos cœurs bien purs ; ne laissons passer aucun jour sans honorer les plaies de son cœur ; munissons-nous de cierges bénits, et du zèle, du zèle, du zèle !

Nous nous inclinons très profondément devant ceux de nos frères et de nos sœurs qui sont consacrés à Dieu ; et, levant ensuite nos yeux sur Notre-Dame des Sept-Douleurs, nous la prions de nous bénir tous au nom du Père, de son divin Fils, et du Saint-Esprit, son chaste époux. Ainsi soit-il.

Extrait de la Lettre de mars 1889

IV. Pour honorer et vous porter à honorer dignement, pieusement, les sept plaies du cœur de Marie, nous faisons et nous vous conseillons de faire ce que Dieu nous inspire ; comme au Calvaire, saint Jean, Joseph d'Arimathie, Madeleine et les saintes femmes faisaient ce que Dieu leur inspirait pour ensevelir le corps de Jésus et consoler Marie. C'est pour cela, mes frères et mes sœurs, que nous vous avons manifesté le désir, il y a deux ou trois mois, que les mères qui font partie de l'Association, consacrent, vouent à Notre-Dame des Sept-Douleurs leurs enfants en bas âge, en leur faisant porter un cordon violet. Mais, en vous communiquant cette pensée, nous n'avons fait que l'énoncer; car, en général, quand une pensée vient à l'esprit, elle se présente en quelque sorte comme fermée, ou si vous voulez à l'état de graine : c'est le temps et la réflexion, l'étude et la méditation, qui l'ouvrent et nous montrent ce qu'elle renferme, ou bien la font germer, croître et s'épanouir. Nous revenons donc aujourd'hui sur cette pensée que nous allons développer, ou plutôt nous allons vous tracer un petit règlement, que vous pourrez suivre touchant les enfants que les mères de l'Association voudraient vouer au violet.

Mais auparavant nous allons vous dire pourquoi nous désirons que les mères de famille qui appartiennent à l'Association vouent leurs enfants en bas âge au violet et à Notre-Dame des Sept-Douleurs. Quand le mois de mai est arrivé, nous cherchons et nous cueillons dans nos jardins les plus belles fleurs pour les porter à l'autel de Marie et les lui offrir; pourquoi? Pourquoi offrons-nous à Marie les plus belles fleurs? A cause de notre amour pour elle. Nous aimons les fleurs avec leur forme, leurs belles, douces ou vives couleurs, avec leurs parfums suaves, et nous les offrons à Marie, comme nous offrons à un ami que nous aimons beaucoup ce que nous aimons le plus. Ainsi nous offrons à Marie, à cause de notre amour pour elle, les plus belles fleurs que nous aimons le plus, qui flattent le plus notre œil et notre odorat. Or, je vous le demande, un enfant, n'est-il point plus beau que la plus belle fleur que le printemps nous donne ; et l'amour d'une Mère pour son enfant, qu'elle a porté dans son sein et qu'elle nourrit maintenant de son lait, n'est-il pas cent fois plus grand que notre amour, quelque grand qu'il soit, pour les plus belles fleurs ? Marie reçoit nos fleurs avec plaisir, joie, amour et reconnaissance : quelle n'est pas sa joie quand elle voit une mère lui offrir son enfant, en lui disant : « O, ma bonne et douce Mère, je vous offre et vous consacre mon enfant, ce que j'ai de plus beau, de plus précieux et de plus cher au monde. » Mes sœurs, mes chères sœurs, c'est là la raison pour laquelle nous voudrions avoir dans l'Association une septaine pour le moins d'enfants voués au violet dans chaque département. Car combien un enfant, avec sa pureté et son innocence, sa robe blanche de baptême, plus blanche que la neige et le lait, plus éclatante et éblouissante que le soleil, est plus agréable à Marie que les belles fleurs. Nous avons vu des mères accablées sous le poids de la plus vive souffrance revenir à elles et sentir leurs forces abattues renaître à la vue d'un jeune et tendre enfant qu'on posait sur leurs genoux et entre leurs bras. Oui, n'en doutons pas, mes sœurs, Marie des douleurs sera consolée à la vue de vos enfants, que vous lui offrirez, que vous poserez sur ses genoux et entre ses bras, C'est là la principale raison, car il y en a d'autres, qui doit vous déterminer à vouer vos enfants au violet, afin de consoler Marie, d'honorer de cette manière les sept plaies de son cœur pour la conversion des pécheurs, le salut de l'Eglise et de Rome, la pauvre Rome ! et de la France.

Voici le règlement que vous pouvez suivre :

1° Un enfant, dès le jour de sa naissance, peut être voué par sa mère à Notre-Dame des Sept-Douleurs.

2° Un enfant, depuis le jour de sa naissance jusqu'à

l'âge de sept ans accomplis moins six mois, peut être voué à Notre-Dame des Sept-Douleurs.

3° Un enfant peut être voué à Notre-Dame des Sept-Douleurs pour sept mois, ou quatorze mois, ou vingt et un mois, etc., ou sept ans.

4° Un enfant qui est voué à Notre-Dame des Sept-Douleurs doit porter, pendant le jour, un cordon violet ou violet et blanc.

Voilà, mes frères, vous en particulier, mes sœurs, sœurs zélatrices, voilà le règlement que notre amour pour Notre-Dame des Sept-Douleurs et notre zèle pour faire honorer les sept plaies de son cœur nous a inspiré. Saint Thomas d'Aquin dit, dans la *Somme théologique,* que la vie est dans le mouvement, c'est-à-dire qu'un être qui se meut, d'un mouvement propre, a vie. Du zèle donc et du mouvement, mes frères et mes sœurs, afin que notre chère et douce Association ne soit point comme un cadavre inerte, mais un corps plein d'activité et de vie. Cent fois le jour, tournons notre pensée vers Marie, partageons ses douleurs et offrons-lui notre dévouement sans borne et notre amour compatissant, à la vie et à la mort. Tous les jours, récitons le chapelet de ses sept douleurs ; que ceux qui ne peuvent réciter le chapelet complet récitent le petit chapelet indiqué par la Très-Sainte Vierge elle-même. Vous qui avez du temps ou qui pouvez en prendre sur le sommeil sans nuire à votre santé, récitez, le samedi ou tous les jours, le petit office de Notre-Dame des Sept-Douleurs. Entretenez une lampe devant son image ; si vous ne le pouvez, réunissez-vous plusieurs, et autant que faire se peut par septaines, et entretenez une lampe chez l'un d'entre vous. Mères, vouez vos jeunes enfants au violet et consacrez-les à Notre-Dame des Sept-Douleurs. Zélateurs et zélatrices, veillez à ce que les frères et les sœurs honorent tous les jours les sept plaies du cœur de Marie, et cherchez des associés, sans repos ni relâche, auprès de vous et au loin. Mes frères et mes sœurs de Notre-Dame des Sept-Douleurs, du mouvement, du zèle, de la vie ; le zèle de saint Jean, de Joseph d'Arimathie, de Marie-Madeleine et des saintes femmes au Calvaire. Comme eux, ne l'oublions pas ; comme eux nous avons été choisis pour consoler Marie de la peine amère que font à son cœur les méchants de nos jours qui crucifient de nouveau son divin Fils.

Extrait de la Lettre (Revue) du mois de mars 1895

Mais, écoutez la lettre suivante qu'un religieux écrit à son frère, prêtre et aumônier, lettre que l'on nous communique. Ce religieux n'est pas jeune, il a soixante-onze ans ; il le dit dans sa lettre. Il a étudié longuement les prophéties qui ont trait aux châtiments annoncés pour notre époque ; prophéties authentiques ; il le dit aussi. Les détails que ce religieux donne sont renfermés en substance dans les paroles adressées par Notre-Dame des Sept-Douleurs à Boulleret.

« J. M. J. Janvier 1895. Très cher et vénéré, bien-aimé frère et abbé. Des occupations nombreuses, et un peu mon âge avancé (71 ans) et ses suites, m'ont fait retarder la bonne et traditionnelle lettre du jour de l'an. Aujourd'hui, un peu plus dispos, je viens vous donner signe de vie.

» Et d'abord, agréez mes biens sincères, quoique un peu tardifs, souhaits de bonne et heureuse année. Je n'ose pas espérer qu'elle soit tranquille, soit pour vous, mon vénéré frère et abbé, soit pour moi et mes confrères. La révolte des hommes contre Dieu allant toujours grandissant, d'un côté ; de l'autre, le nombre des socialistes et des anarchistes augmentant toujours, font croire à de grands et terribles châtiments, imminents. Les anarchistes seront les instruments dont Dieu se servira d'abord pour châtier le monde coupable.

» Les grands châtiments commenceront, j'en ai le pressentiment, par la suppression du budget des cultes, et la proscription des ordres enseignants et des autres congrégations religieuses. Alors la discorde, annoncée, il y a longtemps, par Louis Veuillot, venant à éclater, le sang coulera, et le monde sera lancé dans les péripéties d'une grande et longue tribulation. Rien ne manquera. Dieu fera éclater contre sa créature ingrate et révoltée, toute sa colère, comme il épuise en ce moment envers elle toute sa miséricorde. Rien ne manquera : guerre de peuple à peuple, guerre civile, chômage général des fabriques, famine, pillages, massacres, maladies, épidémies. Au milieu de ce bouleversement général, de cet effroyable cataclysme, on vivra en mourant, on mourra en vivant. La vie sera une mort pleine d'angoisses. Le suicide passssera à l'état chronique. Alors le monde paiera ses folies, son incrédulité, son impiété, son orgueil, sa vanité, son luxe effréné, son avarice et sa luxure sans nom.

» Pour sauver son âme, il faudra avoir une foi vive et inébranlable, un amour pour Dieu fidèle et constant. Car, plus de culte extérieur ; les églises étant fermées, les prêtres chassés ou massacrés : plus de sacrements. Il faudra garder son âme pure, ou pleurer amèrement ses fautes pour en obtenir le pardon sans le secours du prêtre. Ceux qui négligent, aujourd'hui, la confession, désireront vainement de se confesser à la mort. Ceux qui

alors sauveront leur âme, seront comme ces quelques
olives qui restent après la cueillette ; comme ces rares
épis qui échappent à la faucille du moissonneur ; comme
ces grains de raisin cachés sous les feuilles qui demeu-
rent après la vendage.

» D'après les études faites sur des écrits inspirés et
des révélations authentiques, le monde ne retrouvera son
équilibre qu'en 1903 ou 1904. Il y aura de nombreuses
péripéties d'ici là. Il y aura même un temps de répit, ou
de repos, faisant pendant au soulagement que Simon le
Cyrénéen procura à notre divin Sauveur. Sans compter
les jours qui restent encore à Léon XIII, il y aura trois
papes avant qu'on arrive au triomphe : *Ignis ardens,
Feu ardent*, qui verra la révolution sociale ; *Religio de-
populata, Religion dépeuplée ;* sous lequel aura lieu un
schisme désolant, et *Fides intrepida, Foi intrépide*, qui
sera la victime des anarchistes, qui doivent avoir, eux
aussi leur jour de triomphe.

» Après cela, il y aura un interrègne, pendant lequel
Dieu frappera le grand coup. Alors les montagnes
et la terre trembleront de terreur, *parce que les ini-
quités des hommes percent la voûte des cieux*, a dit la
Très-Sainte Vierge à la Salette. Paris sera brûlé, Marseille engloutie ; un grand nombre de grandes villes seront détruites, entièrement ou en partie. Les ténèbres
couvriront le monde pendant trois jours, et les démons
exerceront leur fureur contre les méchants qui seront
encore en vie. Après ce dernier, grand et terrrible châtiment, comme la Très-Sainte Vierge nous le dit encore
à la Salette, la terre ressemblera à un désert. Alors Dieu
rétablira la société ; il n'y aura plus qu'un seul troupeau
et un seul pasteur, désigné par saint Malachie, sous la
brillante idée de *Pastor angelicus, Pasteur angélique*. Les

nations dissidentes reviendront à la vraie religion et le monde marchera à la lumière de la vraie foi. Redoublons donc de fidélité et de ferveur.... »

Telle est la lettre qu'un religieux a écrite à son frère, prêtre et aumônier, pour le prévenir et l'engager à être toujours fidèle à Dieu et fervent, afin d'être ferme, fort et courageux, et à se sacrifier pour les âmes, quand arrivera le jour de la justice et des vengeances divines, jour qui est proche. Telle est la lettre que nous avons voulu vous donner à lire, afin de produire en vous une crainte salutaire, vous faire répondre au désir de Notre-Dame des Sept-Douleurs exprimé à Boulleret, et vous préserver de tout danger lors des grands châtiments.

Nous allons faire quelques réflexions sur la lettre que nous venons de transcrire. Le religieux indique la date du grand coup, c'est-à-dire du dernier châtiment qui consistera en trois jours de ténèbres pestilentielles, durant lesquels, comme la Très-Sainte Vierge l'a dit à la Salette, tous les hommes adonnés au vice mourront, et durant lesquels, comme l'a annoncé la vénérable Anna-Maria Taïgi, les cierges bénits seuls donneront de la clarté : nous vous dirons à ce sujet : la Très-Sainte Vierge n'ayant point fixé de date, ni à la sœur de Saint Vincent de Paul, Catherine Labourée, ni à la Salette, ni à Boulleret : répondez au désir de Jésus tout aimable, et récitez tous les jours l'*Acte d'amour* ; répondez au désir de Notre-Dame des Sept-Douleurs, et récitez tous les jours le chapelet des Sept-Douleurs ; exercez votre zèle auprès de vous et au loin ; comptez sur la promesse de notre divine Mère, de nous préserver de tout danger, et ne vous occupez pas, ne vous inquiétez pas de savoir, quand est-ce que les châtiments commenceront, et quand est-ce que Dieu frappera le grand coup.

Saint Malachie a donné la liste des papes qui doivent se succéder jusqu'à la fin du monde, en les désignant par de certaines expressions ; passons encore outre, et ne nous arrêtons pas à étudier..... ne cherchons pas à expliquer cette prophétie. Je le répète, Notre-Seigneur désire que nous récitions tous les jours l'*Acte d'amour* qu'il nous a révélé : récitons tous les jours cette prière ; la Très-Sainte Vierge, en nous présentant son cœur transpercé de sept glaives, demande que nous récitions tous les jours le chapelet des Sept-Douleurs : récitons ce chapelet tous les jours.

Le vénérable religieux engage son cher frère à être toujours pieux et fervent, et à se préparer à ces jours des vengeances divines contre les hommes coupables : à vous, mes chers frères et mes chères sœurs, nous vous dirons, ce que nous ne cessons de vous répéter dans nos Lettres : Que l'annonce de ces châtiments terribles ne vous jette point dans le découragement et le désespoir ; rappelez-vous la promesse de Notre-Dame des Sept-Douleurs, et ayez confiance : Notre divine Mère *vous maintiendra groupés sous son aile virginale et protectrice au moment de l'épouvantable épreuve ; elle vous consolera dans la terrible défaillance, et elle vous préservera.*

C'est quand les grands châtiments éclateront, la guerre civile, la guerre de nation à nation, qu'il vous faudra, alors surtout, réciter le chapelet des Sept-Douleurs, et faire connaître, auprès de vous et au loin, les apparitions de Boulleret, et le moyen d'être préservés. Et, quand les églises seront fermées, vous vous réunirez à certains jours, le dimanche, le soir, la nuit, devant l'image de Notre-Dame des Sept-Douleurs, telle qu'elle apparaît à Boulleret, pour prier et pleurer. C'est alors

que, dans nos Lettres, nous ne cesserons |de vous crier
de ne point vous décourager et d'avoir confiance en
Notre-Dame des Sept-Douleurs. Et, si tout étant bouleversé, nous ne pouvons faire imprimer nos Lettres,
vous les envoyer : nous ferons comme les apôtres, nous
irons vous visiter, pour vous consoler et vous encourager de vive voix....

En attendant, remercions mille fois Notre-Dame des
Sept-Douleurs de ce qu'elle daigne nous prévenir de
ces châtiments, et surtout de ce qu'elle nous indique le
moyen pour en être préservés ; célébrons pieusement
sa fête. Et demandons à Dieu de continuer à protéger
notre chère association, afin que nous puissions, vous
et nous, exercer toujours notre zèle auprès et au loin,
et sauver nos frères avec nous.

PRIX DES OBJETS DE DÉVOTION DE L'ASSOCIATION

Notice sur la Confrérie de Notre-Dame des Sept-Douleurs et les apparitions de Boulleret, franco......... 1 50
Notice traduite en anglais.............................. 1 50
Les Châtiments (Lettre de décembre 87-janvier 88).... 0 50
Les Lettres des deux premières années ; un volume de 500 pages, franco............................. 3 50
Apparition du 13 mai 1892 du format de la notice..... 0 25
  —   1893   — 0 25
  —   1894   — 0 25
  — 6 octobre 1894 — 0 20

MÉDAILLES

Petit module, cuivre, la douzaine, franco.............. 0 30
  —   Nickel............................. 1 20
  —   Argent, l'une.................... 0 60
Grand module, cuivre, l'une........................ 0 25
  —   Nickel, l'une.................... 0 60
  —   Argent, l'une. 5 00
Chapelet de N.-D. des S.-D. avec une seule médaille, l'un. 0 10
  —   — avec 8 médailles, l'un...... 0 30
  —   — fil et méd. maillechor, l'un. 1 50
Grand chapelet de N.-D. des S.-D., 8 méd. et 217 grains. 1 20
Chapelet des cinq plaies, l'un....................... 0 20
Petite image de Notre-Dame des Sept-Douleurs, l'un... 0 05
Grande image —   —   — l'une.. 1 00
Acte d'amour, prière révélée par Notre-Seigneur à Boulleret, le cent................................. 2 00
Je vous salue de Notre-Dame des Sept-Douleurs, Invocation à Saint-Michel archange ; Manière de réciter le chapelet des cinq plaies (format petite image), le cent. 1 00
Livre d'office de Notre-Dame des Sept-Douleurs, broché. 0 50
  —   —   — relié... 0 80
Mois de Notre-Dame des Sept-Douleurs, trente lectures pieuses sur les sept douleurs de la Très-Sainte Vierge, in-16.. 0 50
  —   —   — relié.... 0 80
Mois de Notre-Dame des Sept-Douleurs sur les larmes versées par la Très-Sainte Vierge, in-32, broché.... 0 50
  —   —   — relié...... 0 80
Mois de Notre-Dame des Sept-Douleurs, paraphrase du Stabat, broché................................... 0 50
relié................................... 0 80
Des devoirs de l'homme, prière, le cent. 2 00
Cordon violet (pour enfant de à 7 ans)............. 0 35
 Les Médailles, Chapelets et Cordons sont envoyés bénits et indulgenciés.

Pour ces objets, s'adresser à M. l'abbé OLIVE, chemin de la Caraussane,
à CETTE (Hérault). (Envoyer un mandat-poste.)

www.ingramcontent.com/pod-product-compliance
Lightning Source LLC
Chambersburg PA
CBHW051140050726
47594CB00003B/1178